카인의 의심

시와사상 시인선 24

카인의 의심

최휘웅 시집

시와사상사

시인의 말

새싹이 돋고 무꽃 위에
흰 나비가 날 때
나는 눈을 감을 것이다.
그들의 싱싱함을 위하여
나는 거름이 될 것이다.
그들이 성장하는 밭에 누워
썩고 또 썩을 것이다.
그리하여 그들의 가슴에서
다시 태어나는
희망의 꽃이 될 것이다.

2015년 11월
최휘웅

차례

제 2 부

차 례

제 3 부

제 4 부

제1부

불발의 화살
- 역설. 1

기회는 왔다
너에게 큐피드 화살을 쏠 수 있는
마지막 헛간의 구호가 떠올랐다.
너의 사치를 위해서
공작孔雀의 의상으로 치장한
그 숱한 허울 좋은 말들이
진공 속으로 사라지기 전에
나는 아직 조금 남은 진기를 모은다.
혼신의 힘을 다하여
무명無明의 습지에서 나왔다.
마지막 바칠 잔의 입맛이 쓴 것은
독한 회의를 품은 독설이기 때문이다.
신은 낮은 곳으로 임한다.
그러나 너는 항상 철갑을 두른
난공불락의 요새要塞이고, 성벽이며
실크로 위장한 혀를 가지고 있다.
매번 쏜 화살은 붉은 사과 대신
너의 차가운 심장 깊은 곳에서
몰락과 불륜의 비명을 지른다.

니체여

– 역설. 2

이렇게 완벽한 길은 없다. 풀밭 오솔길. 외진 곳으로 쏟아지는 햇살. 그 뒤에 숨겨진 욕망의 그늘. 내 인생이 얼마나 쓴 단맛으로 기록된 백지 위의 행로인가. 니체가 노크했다. 너는 얼마나 배반의 잔을 즐겼는가. 완벽을 가장한 헛된 욕망. 세상의 우상들 앞에서, 굴종의 미덕. 지혜란 이름의 독배가 나를 삼키고 있는데도 그들이 쌓은 성 밑에 깔린 나를 보지 못했다. 한 발짝도 비켜서지 못한 외길. 완고한 생의 고집. 예언자가 산에서 내려와 지팡이를 드는 순간 나는 오히려 말문을 닫았다. 빙하시대의 얼음굴로 들어가 짜라투스트라를 기다렸다. 편견과 오만이 고드름처럼 열리는, 위선과 위악 사이에서, 종려나무를 흔들며, 믿는 자여 천국으로 가리라. 말씀이 말씀을 낳고 말씀이 강을 이룰 때, 나는 창백한 카인의 의심으로 세상을 등지기 시작했다. 금단의 열매는 달았고, 그녀의 살맛은 전율하게 했다. 눈을 뜨지 않았다. 귀도 닫았다. 촉수만으로 길을 더듬었다. 고독이 자라고, 붉은 침묵의 혀가 자라고, 닭 벼슬 같은 여명이 걸린 절벽 끝에서 나는 비로소 내 이름을 지웠다. 아니 지워야겠다고 생각했다.

알레르기
– 역설. 3

나는 재채기를 한다.
딸꾹질은 천장에서 바닥으로 떨어진다.
심한 알레르기가 어김없이 찾아왔다.
봄이 오면 꽃등이 벽을 더듬는데
벽은 밖으로 창을 내고 심호흡을 하다
꽃가루에 취하여 그만 주저앉고 말았다.
사람들이 들로 산으로 나갈 때
나는 밖으로 귀를 열고 눈을 닫는다.
보이는 것이 다 병이 되고
들리는 것이 다 만물의 이치가 된다고
눈을 감고 콧물 삼키며 누워서
들녘 달리는 봄의 발자국에 귀를 세운다.
귀가 소리와 면벽하고 어둠을 더듬는 동안
봄은 눈부신 색깔로 문밖까지 왔다.
청각의 더듬이는 색의 미궁에서 허덕이고
딸꾹질은 더 심하게 봄의 능선을 넘는다.

면벽 수행

– 역설. 4

너에게 가기 위하여 나는 두문불출한다. 나의 방은 너로 가득하다. 너를 더듬던 기억으로 너의 몸은 어둠의 날개를 달기 시작하고, 나는 너를 얻기 위하여 벽을 안고 신음하며, 방바닥에 등 대고 신기루 같은 꿈을 꾼다. 숨 막히는 공기 속에서도 너는 움직이고, 너의 잠자리 같은 웃음은 끝없이 부화한다. 알에서 나온 병아리들이 공중부양을 하고, 너는 가볍게, 날렵하게 옷고름을 푼다. 긴장과 곡예는 계속될 터이지만 너와 나 사이에는 이제 매듭이 없다. 질긴 감정의 감옥에서 탈출한다. 통로는 계산할 필요도 없고, 연결고리 없이도 너와 나는 한통속이 되어, 문 열리는 날. 면벽한 시간과 함께 공중분해 될 것이다. 너는 결국 형체 없는 꽃으로 환생할 것이고, 나는 여전히 불임의 꽃밭에서 꿀을 찾는 벌이 될 것이다. 비행飛行과 추락은 반복되어 구릉이 되고, 너와 나의 간극을 건너기 위하여 방을 뒹굴면서 또 면벽 수행의 역주행을 할 것이다.

색色과 공空

– 역설. 5

있는 것과 없는 것
보이는 것과 보이지 않는 것
들리는 것과 들리지 않는 것
경계에 나는 있다.
촉수가 앞서 어떤 예감에 떨지만
더듬이는 유혹의 샘에서 추락한다.
색色은 잠시 눈을 현혹하다 사라지고
계절은 곧 공중분해 될 것이다.
잡은 듯하지만 잡히지 않는 것이 세상사
배꼽 부근까지 왔다가
너의 완강한 손의 저항을 만나
바다를 건너지 못한다.
아, 너의 아름다운 얼굴은 보이지만
너의 울퉁불퉁한 뒤는 보이지 않는다.
너의 흥분한 숨소리는 들리지만
숨은 가시의 아픈 소리는 들리지 않는다.
나는 너를 안았다고
울타리를 열심히 쳤다고 생각했는데
너는 어느새 울타리를 빠져나가고 없다.
단풍 든 산의 노란 황홀은 보았는데
산에 번지는 붉은 저승꽃은 보지 못했다.

봄의 관능
– 역설. 6

봄의 능선 앞에서 시야는 더욱 캄캄해진다. 밝은 색은 오히려 내 안의 어둠을 더 부채질한다. 화려함의 극치 앞에서 멈칫멈칫 자꾸 뒤돌아보며, 그동안 너무 외통수의 길을 걸어왔다고 자책한다. 종이, 볼펜, 수북이 쌓인 책, 책상 위의 허공, 허공 위의 허공이 바람막이였다. 고치 틀고 들어앉은 방. 유난히 투명한 창으로 꽃잎이 붉은 먹물처럼 떨어졌다. 연녹색이 반란처럼 찾아왔을 때, 창밖이 궁금해졌다. 심란함을 지나 안온한 방안에 대한 불온한 사상이 밀려왔다. 도대체 나를 흔들어 놓는 정체가 무엇인가. 비릿한 생각이 뿔난 엉덩이처럼 돋아났다. 사람들은 왜 이때가 되면 밖으로 나가고 싶어 안달인지, 그리고 암내 난 암고양이가 되는지 알듯 말듯 능구렁이 같은 흰 바람이 목을 감았다. 질펀한 잔디밭에 치마 깔고 눕고 싶어지는 희한한 감정을 후딱 지우기 위하여 일어섰다. 그리고 방안을 한 바퀴 돌았다. 붉은색이 배꼽 밑에서 불끈 솟았다. 벚꽃은 한창 어둡고 캄캄한 방안에서 요염하게 핀다. 캄캄한 수초 밑에 숨어 산란産卵하는 어족의 자지러지는 쾌감이 잠시 스치듯 지나갔다.

카인의 의심
– 역설. 7

나는 꽃을 꺾는다.
꽃의 비명은 듣지 못했다.
목이 뒤틀렸는데도 웃고 있다.
나는 잔인한 칼끝으로
너의 심장을 노렸는데
꽃은 여전히 화사한 얼굴이다.
망사 같은 관능의 방패가
나를 흔들어 놓는데
칼끝은 점점 무디어진다.
이것은 함정이다.
수없이 창을 열었지만
꽃은 여전히 문 뒤에 있다.
당신은 저를 버리시나이까?
신의 제물인 나는
꽃의 목을 쥔 카인의 손이고
당신을 의심하는 또 다른 눈이다

내 안의 랭보 씨

– 역설. 8

나는 한때 랭보가 되고 싶었다.
잠시 너무도 짧은 순간을
언제 있었느냐는 듯 증발해버린
그런데도 축제의 흔적처럼
신기루를 남기고 간,

아프리카 오지 어디로 사라졌는지
아무도 그 뒤를 알지 못하게 한
마술사 같은 가벼운 황홀한 변신

나는 한때 그렇게 사라지고 싶었다.
투명한 이슬처럼
아니 다이아몬드의 광채로
한순간을 영원으로 접고 싶었다.

그런데 나는 너무 오랫동안
질긴 마른 잎으로
집을 짐 지고 허덕이며 살았다.
휘청거리는 어깨너머로
실내의 휘황한 불빛이 불편하다.
안락한 돌침대에 오래 머물다 보니
젊은 한때 꿈꾸던 랭보 씨는 없다.

나는 아직도 랭보를 찾아
아프리카 캄캄한 오지를 더듬는다.
그런데 도시 속에서 외롭게 떠도는
베르레느가 되어 있다는 건 역설이다

목로의 작은 식당 창가에서
씁쓸한 황혼을 접시 위에 올려놓는다.

책
– 역설. 9

쌓인 책더미를 내려다보며 이 짐을 어떻게 다 지지 어깨가 무거워진다. 시집 속에 있는 풀 섶에서 간혹 개구리가 펄쩍 튀어나오기도 하지만, 바람에 허리를 추스르지 못한 갈대가 마냥 울어대기도 하지만, 그 울음 때문에 두루미 다리가 휘청거리기도 하지만, 해바라기 밭 너머로 기우는 석양이 황홀하여 망연히 서 있다가 책의 무게를 감당하지 못한 허리는 그만 병이 들고 말았다. 책 속의 온갖 잡동사니들이 서로 삿대질 하는 틈에서 나는 풀을 헤치며 길을 찾는다. 그런데 산을 돌고 있는 저 길은 너무 멀다. 엄청난 크기의 돌들이 막고 있어서 앞이 안 보인다. 아무리 헤치고 들추어도 좀체 길은 보이지 않는다. 한때 책은 내 인생의 길잡이라고 믿은 적이 있었다. 그런데 이것이 암벽 솟은 험한 계곡일 줄은 몰랐다. 틀니를 한 문자들이 입을 벌리고 웃을 때, 아차 길을 잘못 들어섰구나 싶었지만 돌아 나오는 길은 미로를 헤맬 때처럼 허둥대는 불빛들로 가득했다. 책 속에는 진흙 밭이 있어서 발을 잡고 놓아주지를 않는다. 발을 빼려고 버둥대지만 이미 어긋난 문장의 늪에서 나이는 자꾸 저물어간다. 초인종 소리에 문을 여니 택배입니다 하고 책이 또 들어 왔다. 바위의 무게가 걸어 들어 왔다. 허리의 통증이 또 도진다. 그래도 새들이 창을 열고 찾아올 것 같은 예감, 책장을 넘긴다. 그러나 미아가 된 낱말들이 길의 입구에서 또 억새처럼 울고 있다. 억새는 바람 등짐 지고 아프게 울다가 허리가 접혀 그만 눕고 말았다.

언어
– 역설. 10

나는 언어의 질긴 막을 뚫기 위하여 잠을 청한다. 입을 봉한다. 침묵은 혜안을 가진 자의 전리품인데, 나는 오히려 침묵을 방한복으로 껴입는다. 그 속에서 두 눈은 잠망경처럼 좌고우면左顧右眄하며 보신의 첨병이 된다. 그때, 지친 언어들은 안개 속의 사물들을 안고 와 내 앞에 풀어 놓는다. 흐릿한 언어의 물결이 일렁일 때마다, 사물들은 네모도 되고, 세모도 되고, 원도 되어 무한 가변의 야단법석을 만들지만 나는 그런 언어의 막을 뚫는데 혼신의 힘을 다한다. 시여 언어를 버려라. 산을 넘는 적막한 절간의 목탁소리가 명치끝에 와 닿았다. 허허로운 들을 건너오는 바람 소리, 범람하는 강 위의 부평초 같은 질긴 목숨을 위하여 하는 명분으로 언어를 다시 도마 위에 올려놓고 칼질을 한다. 언어의 비명에 사물들은 도망가기 바쁘다. 배후에 숨어 정체를 드러내지 않는다. 그러던 어느 날 언어의 질긴 껍질을 곱씹는데, 언어를 버려야 시가 열린다는 선사의 죽비가 머리를 쳤다. 섬광이 지나갔다. 그렇지만 언어의 그림자 속에 잠시 나타났다 사라졌을 뿐이다. 나는 언어의 노예가 되지 않으려고 침묵의 선창가를 맴돌고 있지만, 언어는 여전히 나의 목을 죄고 놓아주지를 않는다.

사계의 노래
– 역설. 11

그래도 봄은 봄, 가을은 가을. 겨울에서 봄으로 가는 험한 길목에서 나는 방한복 속으로만 끝없이 숨다가 갑자기 꽃봉오리 터지는 숨소리 듣고 뛰쳐 나왔다. 그녀의 머리 위를 비행하는 나비의 날개에는 하늘이 접혀 있고 초록의 물색들은 산과 들로 달려간다. 여름에서 가을로 가는 길목에서 나는 끝없이 한 겹 두 겹옷을 벗다가 결국 빈 몸으로 뒹굴고 있는 허허로운 나무. 그녀의 머리카락에서는 죽은 풀 내가 나고, 땅바닥을 기고 있는 마른 잎들이 어수선하게 세상을 움켜쥐는데, 뒤채기만 하는 그녀는 속절없이 신맛 타령만 한다. 나는 다시 동안거의 깊은 동굴로 들어가 회한의 작살을 겨눈다. 칼날을 벼리며 백발을 휘날리는데, 눈은 밤의 동공에 박혀 녹지를 않는다. 다시 봄이 가고 여름이 와 그녀가 뜨거운 몸을 풀 때, 질긴 끈을 놓지 못하고 몸부림칠 때, 나는 깊은 산 바위에 앉아 하안거의 깊은 잠에 빠졌다. 태어나고 죽는 것이 다 땡볕에서 녹기 시작하고, 분별과 미망이 그녀와 나 사이를 흔들어 놓고, 돌이킬 수 없는 강을 건널 때, 혹성 하나가 여름 하늘 은하에서 뛰쳐나와 울음을 터트린다. 여름은 여름, 겨울은 겨울. 꽃 지고, 눈 오는 밤, 나는 빛을 안고 신음하는 외로운 별이다.

왜?

– 역설. 12

봄이 오면 꽃 뒤에 숨지 말자. 무너질까 두려워 외롭게 줄 서는 겨울눈. 눈보라 하늘을 생각하자. 오늘 태어난 생명 앞에서 차가운 경건함으로 옷깃을 여미자.

어제 관으로 들어간 또 다른 생명 때문에 내일 가야 될 내세가 궁금해지고, 인생은 지겹다 생각해온 안일함이 일순 공중분해 되는데, 세상은 참 낙관적이다. 어제와 오늘이 다름이 없고, 내일도 또 그럴 터인데,

왜?

질문이 잠든 밤. 새벽까지 눈 뜨고 있는 나는 보일 듯 보이지 않는 화두를 안고 빈 허공의 깊은 바닷속을 열심히 헤엄치고 있다.

가고 남는 것은 먼지. 겹겹이 쌓이는 침울한 감정. 나는 벼랑 끝에 선 외로움으로 눈부신 햇살을 처형한다. 시간은 속절없이 운동장을 돌고, 부황 든 꿈들은 또 부질없이 교수대 위의 까치*처럼 검은 날개를 펴고 흰 배를 내밀었다.

---

* '교수대 위의 까치' 는 피터르 브뤼헐(Picter Bruegel the Elder, 1525-1569) 의 그림 제목. 네덜란드에서는 까치가 흉조로 여겨진다고 한다.

바람
- 역설. 13

바람이 칼 위에 있을 때
이 세상의 먼지는 지평 끝으로 쓸려가고
나무들의 아우성이 하늘 끝에 닿고
사람들은 목을 움켜쥐고 방안에 박히는데

바람이 잔잔한 호수 위에 있을 때
이 세상의 꽃들은 들로 산으로 나오고
물 위의 오리들이 한가롭게 짝을 찾고
사람들은 너도 나도 집 밖으로 나오는데

바람이 산등성이에 있을 때
이 세상 짐 진 자들의 땀방울이 맺히고
녹색 그늘은 새를 따라 산을 넘고
사람들은 지쳐 지게를 내려놓지 못하는데

바람이 어수선한 낙엽 위에 있을 때
이 세상 물색들은 빛의 몸부림으로 뒤채고
기러기 등에는 기우는 해의 역광이 있고
사람들은 검은 관棺의 길에서 목을 놓는다.

소시민

– 역설. 14

토요일에 죽어 일요일에 천당 갔다가
월요일이 되면 다시 태어난다.
출근길 전동차 안에서 덜 깬 눈을 비비고
아직 덜 핀 꽃들의 하품 속으로 들어간다.
어제 천당에서 만난 아내의 젖꼭지가
그래도 꽃의 향이 조금은 남은 것 같아
볼우물이 자꾸 드러나는데
차 안의 불빛이 그 표정 위에서 흔들린다.

화요일을 건너서
수요일에는 그녀와의 약속이 있다.
궤도를 이탈할 때의 긴장이 흐르고
알 수 없는 흥분이 잠시 지나간다.
우리 사랑하자고 말하면
자기는 남자와 동침하지 않는다고 정색한다.
그녀에게는 사랑과 동침이 동의어다.
그리고 동침은 죄악으로 의미 영역이 확장된다.

목요일엔 세미나가 있다.
죽은 언어들이 칠판 가득 깨알처럼 들어서고
청중들은 권태기의 호수처럼 잔잔하다.
탁자 위의 콜라병이 그녀의 허리와 겹치고

수요일에 만나 칭얼대다 그날 밤 해어진
그녀의 입술이 왠지 눈에서 떠나지를 않는다.

금요일 밤엔 자정이 넘도록 컴퓨터 앞에 있다.
다운받고 올리기를 수없이 반복하며
수많은 익명의 철새들과 만나고 해어지다가
토요일은 하루 종일 죽은 남자다.

일요일은 신의 궁전으로 가는 길목
플라타너스 사잇길로 아내의 등을 따라간다.
교회의 노란 종소리가 가로수 위에서 흔들린다.
연신 맹세를 거듭하며
사랑은 영원불변할 것이라고 다짐하지만
아내는 여전히 미심적은 얼굴이다.
허전하고 쓰린 바람이 늑골을 밟고 지나갔다.

사월 초파일

- 역설. 15

사월 초파일에 나는 자장면을 먹는다. 남들은 절밥 먹으려고 팔공산 갈 때 나는 어두운 등 안고 시장을 돈다. 철딱서니 없는 아이들처럼 빙빙 돌다 허기가 지면 허름한 중국집 문을 열고, 구겨진 지전 몇 닢 시주하듯 던져 놓고, 자장면 앞에서 무념무상에 젖어, 젓가락 끝으로 하늘을 젓다가 문득 그녀의 젯날이 오늘이었지. 전원 스위치 켜듯 번쩍 스치는데, 부처님 생일 파티에 초대되어 간 것이라고, 그렇게 치부하기로 했던 그 때가 불현듯 다가오며 눈시울을 달군다. 어쩌면 초대가 아니고 공양으로 받쳐진 것은 아닐까 하는 낫날이 가슴을 예리하게 파고들기도 한다. 태어나고 죽는 것이, 다 같은 날의 색과 공인데, 그것을 뛰어넘어 도솔천에 있을 그녀가 오늘은 내 등에 업혀 시장바닥을 헤매고 있다. 장사치들의 악다구니 틈에서 호들갑스럽게 웃기도 한다. 배추 한 단 뒤에 숨어 있을 그녀의 숨소리가 새록새록 저승을 닮아 있고, 절간 용마루 위에 솟은 등으로 나를 내려다보기도 한다. 사월 초파일에 나는 무 한 단 더 팔기 위하여 또 다른 그녀의 보살 같은 손을 기다리고 있다.

시간
– 역설. 16

이순을 지나 칠순 위에 서 있는 나는 아직도 바람 등진 촛불처럼 흔들린다. 시간의 뼈마디 어긋나는 울음소리를 안으로 삭이며 강을 건너고 있다. 선상의 횃불이 물결 위의 노을처럼 출렁거리고, 내 생의 소실점을 찾아 노를 젓는다. 어쩌면 소음으로 가득했던 지난날들이 더 이상 소음으로 남기를 거부하고 있는지도 모르겠다. 내 안에서 시간의 벽을 타고 넘어온 실어증의 꽃들이 이제 허망의 무게를 지탱하지 못해 고개를 묻었다. 그러고 보니 고개는 또 다른 고개로 이어져 있고, 앞으로도 고개는 계속 나를 시험할 것이지만, 그래서 내 키는 자꾸 작아진다. 시간은 나를 성장시키는 것이 아니라 왜소하게 만든다. 사통팔달로 널려 있던 길들이 한 두 가닥 좁은 외통수의 길로 줄어들며, 나는 그 길도 벅차 숨을 헐떡거린다. 차 한 잔 마실 사이에 또 반년이 지나가고, 그만큼 내 키도 줄어든다. 내 몸이 바닥에 닿을 때 시간은 현기증 나는 성장을 멈출 것이다. 그동안 시간에 쫓기듯 시간의 뒤만 따라왔던 나는 비로소 시간을 정복한 알렉산더가 될 것이다.

잠

– 역설. 17

나는 잠을 청한다. 어제도, 오늘도, 하루도 거르지 않고 잠을 잔다. 잠 위에 잠이 겹치고, 잠 밑에 잠이 있다. 잠에는 몇 개 층의 지하로 이어지는 계단이 있고, 그런 잠으로의 미행은 무거운 현실을 가볍게 안고 간다. 그의 폭언도, 가위눌린 공포도, 억압하는 온갖 공화국의 반란도, 찬란한 깃발의 위선도, 그녀의 폭발하는 눈물도, 책상 위에 무겁게 쌓인 글의 압박도… 잠 속에서 나는 비로소 새가 될 수 있다. 산과 들이, 우주가 나의 발밑 어딘가에 있고, 구름은 편안한 평상처럼 나를 태우고 빌딩 옥상에서 옥상으로 이동한다. 몸은 끝없이 가벼워져서 공기주머니처럼 날아다닌다. 아프리카 오지의 검은 추장은 새의 깃털을 달고, 창槍 뒤에서 사자의 심장을 노리기도 하는데, 적막의 해일이 덮쳐 이 세상의 모든 추악한 것들을 쓸고 가기도 한다. 원색이 화면을 덮고, 나이지리아 폭포 곁에서 그녀는 행복한 남자다. 잠에는 경계가 없다. 삼엄한 초병들의 감시 초소도 없다. 국경이 없으니까 하얀 토끼들은 하얀 눈과 초록이 동색이 되고, 열린 귀는 닫힌 눈과 통하고, 촉수는 묵시록의 캄캄한 들녘 끝의 섬광을 감지한다. 잠시 목이 마르다 생각했는데, 잠의 문이 열리면서 무심결에 잠 밖으로 나왔다. 갑자기 오토바이 폭음이 귀를 밟고 지나갔다. 다시 현기증이 폭발하고, 촉촉한 감정이 너의 표정 뒤에 있고, 나는 끝없이 또 작아지기 시작하며, 눈과 귀를 세워 너의 동정을 살피기에 바쁘다. 잠 밖으로 통하는 창에는 검은 비가 내리고 있다.

정치

– 역설. 18

그들은 매일 성명을 낭독한다. 성명에는 늘 혁명이 있고, 민생이 밥을 먹는다. 이것이 국민의 명령이라고 강변하지만 그들은 늘 국민의 머리 위에 있다. 국민을 위한 정부, 국민에 의한 국민의 정치가 앞치마처럼 펼쳐진다. 그렇지만 그들은 상대의 패를 들여다보려고 혈안이 되어있고, 상대의 허를 찌를 묘수를 찾아 구수회의를 한다. 어떤 때는 문을 닫고 그 안에서 음흉한 머릿수 계산과 낭패의 협곡을 벗어날 궁리를 하다가 문 밖에서는 그럴듯한 옷을 입은 말의 성찬을 펼친다. 좌충우돌, 무딘 돌을 마구 던지기도 한다. 그들은 위장의 선수들이고, 연막으로 자신을 가리기 일 수다. 국면전환을 위한 카드 바꿔치기는 화투놀이의 기본. 개혁이란 패를 들고 칼을 휘두르다 어느 순간 그 작두에 자기 목이 걸려들고 만다. 세상을 뒤집을 유일한 패를 가진 것처럼 위세를 떨며, 손을 뒤에 숨기고 있지만 정작 그들이 내놓을 수 있는 패는 욕심 많은 똥 석장이거나 비일 것, 국민들은 똥 폭탄이나 비를 맞으며 오늘도 지하철 의자에 기대어 허기진 배를 움켜쥐고 있다.

꽃의 등
- 역설. 19

모든 등 뒤에는 서러움이 있다. 손가락 마디가 잘린 아픔이 있다. 떠나는 그녀의 등도 그랬다. 어느 날 꽃의 등이 보이는 순간 가슴이 철렁했다. 그늘의 서늘함이 지나갔다. 놀란 눈을 뒤집다가 또 보았다. 잎의 황홀함에 가려 보이지 않던 꽃등. 그 등을 파고드는 서늘한 칼자국. 숨은 상처가 아직도 숨 쉬는 것이 보였다. 지워지지 않는 아픈 형상은 생명의 골짝에 피는 킬리만자로의 눈과 아프리카의 뜨거운 햇볕처럼 서로 다른 사연의 등 아픈 마디가 모여 생의 절정으로 가고 있었다.

머리와 가슴이 따로 노는 날
- 역설. 20

힘겹게 길을 걷다가 돌아와 문을 두드리는 저녁. 그 날도 혁명은 일어나지 않았다. 내가 가진 엽총은 여전히 불발의 백발을 날린다. 꿩 새끼 한 마리 포획하지 못한 하루는 공전하는 지구와 같다. 차갑게 식은 피의 축제를 식탁에 올려놓고 세 치 혓바닥은 허공을 떠돈다. 오늘의 음모는 죽을 쑤었다. 죽 같은 늪. 발 빠진 늑대의 울음소리가 밤하늘에 박힌다. 몽상가의 밤은 그렇게 찾아온다. 머리는 한 끼의 밥을 걱정하는데 가슴은 총탄의 비명에 희열한다. 궤도를 이탈한 적 없는 배의 전복을 꿈꾼다. 전사자의 비석 앞에서 창궐하는 온갖 구호. 흥분한 깃발들. 세상을 바꾸겠다고 확성기는 목이 쉰다. 나는 헐렁한 바지 속에서 외롭다. 앞서간 그들이 남긴 구호 때문에 나는 배가 고프다. 순교자의 허기진 배를 유산처럼 안고 집으로 돌아왔다. 머리와 가슴 사이에는 건너지 못할 강이 있다. 머리는 순응의 고삐를 죄고 가슴은 모반의 깃발을 세운다. 나는 이 갈등의 꼭지에서 위기의 곡예를 한다. 그러다가 오늘은 지쳐 돌아왔다. 이제 가슴에 박힌 못은, 그 무게가 얼마나 날카로운지는 계산하지 말자. 어김없이 밤은 비로드 천 같은 검은 부드러움을 깔아놓는데, 오늘은 그녀의 무릎에 머리를 박고 은하를 건너 무한천공의 깊은 심장으로 들어가고 싶다.

제2부

그녀. 1

그녀의 머리카락은 세상이 서럽다고
짠맛이 헝클어져 목 뒤까지 흘러내린다.

그녀의 등엔 돌섬의 소나무 등걸처럼
거친 인생의 두께가 울퉁불퉁 드러난다.

바람이 그녀의 뼛속을 한 바퀴 돌고
달이 그녀의 머리 위에서 추위에 떨 때

그녀는 볕 든 날이 더 무릎이 시리다고
차라리 강물이 꽁꽁 얼었으면 좋겠다고

무지개가 뜬 날보다 진눈깨비 내린 날이
제격에 맞다고 흐린 하늘에 눈을 박는다.

그녀. 2

아직도 시집 안 갔느냐고 물으면
명품구두를 더 짝사랑한다고
천연덕스럽게 대답한다.
50 고개를 넘어가고 있는 지금도
혹한의 겨울눈을 밟고 온 피부가
유난히 눈을 시리게 하는 것은
천성적인 천연덕스러움 때문이다.
목을 감은 털목도리 풀며
황금 의치를 드러낼 때면
푸른 무밭의 노란 나비가 떠오른다.
왜 이렇게 가볍지
날아갈 것 같은 가벼움이
발끝에서 머리끝까지 출렁거린다.
그녀의 혀는 매듭이 없다.
적어도 심장을 오리는 비수가
혀 뒤에 숨어 있지는 않다.
쇳덩이의 무딘 감정도
녹아내리게 하는 혀의 요술
넘칠듯하다가 수위를 낮추는 눈빛은
가을비 맞은 나뭇잎처럼 글썽하다.
잔주름 두 가닥 박힌 눈가에
분홍빛으로 스치는 잔잔한 웃음.

저 아직 개간 안 된 원시림이거든요
가지도 안 치고 들어올 생각 마세요. 하고
종종걸음치는 하이힐이 무척 경쾌하다.

그녀. 3

어깨 위의 무거운 짐에 눌려
아직도 겨울옷을 벗지 못한다.
매일매일 공터를 안고
힘겹게 철교를 건너온 생生
툭툭 불거져 나온 마디가
그녀의 의식을 굴절시킨다.
상처의 껍질들이 투명한 유리관
바닥에 깔려 뒹구는 동안
계절은 수없이 옷을 갈아입었는데
그녀는 겨울의 깊은 동상에서
아직도 헤어 나오지 못한다.
찬 새벽공기가 스미는
빈 버스의 뒷좌석에서
어린 햇살을 맞이했던 순간
차창 밖으로 가로수의 가지들이
아침을 흔들어 깨우던 때
빌딩에 가린 먼 하늘 어디쯤에서
횃불이 막 오를 것만 같은
절망 같은 희망
잠에서 일어난 새끼들이
가볍게 날아다니는 그림을 그린다.
아이들은 주술이다.

주술처럼 가슴을 흔들어 놓는다.
맹목의 독배를 안고
궤도를 이탈한 미친 행성처럼
오늘도 시장 바닥을 헤맨다.

그녀. 4

지하에서 점을 본다. 턱수염이 긴, 고깔 쓴 도사 앞에 쭈그리고 앉아, 희미한 불빛 아래로 행인들을 곁눈질하며, 답답한 미래의 찢어진 옷자락을 잡고, 연신 고개 끄덕거려 보지만 그녀의 뇌리는 여전히 흙탕물 한복판이다.

집 나간 그놈의 행방은 오리무중,

골똘히 들여다보고 있는 명경은 깊은 늪이다. 안개가 자욱하여 지척을 분간하기도 힘 든다. 자칭 명도는 돋보기를 들고 미적분을 풀 듯 백지 위에 부적 같은 기호들을 늘어놓는다. 기호의 자간에 운명이 숨어 있다. 달의 순환도 해의 의지도 그 행간에서 숨을 쉰다.

그녀는 주술에 걸린 몽유병자처럼 허공을 헤맨다. 알 수 없는 기호의 미궁에 빠져서 눈을 감는다. 어차피 사랑도 혼 빠진 자의 미친 넋두리일 뿐, 확실한 것은 아무것도 없다. 잡을 수 없는 것을 붙들고 불을 지피며 애를 태웠다는 자책이 불현듯 눈발처럼 내려온다. 오류로 얼룩진 기억 속의 시간이 주마등처럼 지나간다. 삶은 늑골 사이를 아프게 지나가는 바람이었다. 불분명한 의식의 깊은 협곡에는 유년의 진달래, 머루, 다래들만 벼랑을 타고 있는 것은 아니다. 어느새 지금은 가고 없는 그의 달콤한 혀끝이 목 근처에 와 있다.

그녀는 전율하듯 눈을 떴다.

간혹 떠올리고 싶지 않은 기억들이 있다. 무덤 속에 박아놓고 아무도 눈치 채지 못하게 하고 싶은… 그런데 아프고 달콤한 기억은 불현듯 의식을 뚫고 올라와 얼굴을 붉힌다. 시린 이빨이지만 뽑을 수 없다. 유리 금가는 소리가 의식의 지하로 끝없이 낙하한다. 지붕 무너지는 소리 때문에 그녀의 앞은 캄캄하다.

그녀는 황망히 일어섰다.

풀어 놓은 점괘 속에서도 그녀의 앞날은 묘연했다. 지하 상점의 당황한 불빛이 황당하게 휘청거리는 그녀의 발끝을 따라왔다.

그녀. 5

그녀의 혀끝에는 새털처럼
가벼운 독설이 날아다닌다.
눈을 흘길 때마다
어둠의 시간이 뒤채이고
저녁 햇볕이 묻어나는 표정 위로
어지러웠던 과거의 음표들이 지나간다.
쥐어뜯듯 손톱자국을 남기는
말 뒤에는 늘 허공이 자리한다.
생은 손에 잡히지 않는
빈 통장, 0의 숫자였다.
빛 뒤의 암흑 같은 험한 강을 건너
지금 막 힘겹게 몸 푼 자의 의식을
독설로 가린 채
깊은 은하로 여행하는 몸짓을 한다.
이때까지 발목 잡고 있던
애증의 공구들은 투명 테이프를 감고
기억의 깊은 서랍 밑에 깔려 있다.
아득한 물밑의 모래알들이
간혹 고막을 울릴 때마다
험한 계곡에 갇힌 바람소리가
울대를 치고 올라와서
산발한 곡성으로 세상을 덮는다.

그녀. 6

어느 날 유리창을 스치고 간 꽃잎이
그녀의 의식 위에 피멍을 새기고
기억의 지평 위에 눈발을 날리게 한다.

그녀의 시선은 창밖을 끝없이 헤맨다.
그가 황당한 몸짓으로 떠난 뒤
분수는 그를 시야 밖으로 몰아냈다.

이제 보일 듯 보이지 않는 그의 허상
아무리 지우고 싶어도 끈질기게 따라오는
허상 때문에 그녀는 눈을 감을 수 없다.

낙하하는 은행잎의 가벼움, 그 간절함을
그것이 얼마나 큰 몸부림인가를
그녀는 병상에 누워 비로소 깨닫는다.

수면 위로 떠올랐다가 다시 잠수하는
세상의 모든 허상들을 지우기 위하여
그녀는 감각의 문에 아픈 빗장을 건다.

그녀. 7

험상궂은 얼굴을 떠올린다.
탐욕으로 패인 이마가 연민으로 다가온다.
오늘 그는 고래사냥을 갔을 것이다.
매번 빈 망태를 들고 돌아오지만
집을 나설 때
그의 어깨 근육은 늘 팽팽했다.
바다를 뒤집을 것 같은 힘이 보였다.
어느 물고기가 무릎을 꿇을지 궁금했지만
그녀는 사과에 계속 이빨 자국만 남긴다.
그가 돌아올 동안 그녀가 할 수 있는 일은
방안에 웅크리고 있는 그의 체취를
쓰레기통에 담아내던지
세탁기에 넣어 돌리는 일이다.
그런데 지금 그녀는 커튼을 제치고
창밖으로 시선을 던지고 있다.
먼 산 중턱으로 봄이 오르고 있었다.
목을 길게 뽑은 호기심은
완행열차를 타고 봄의 능선을 달린다.
마술에 취한 소녀처럼
느슨한 속도감에 젖어 잠시 눈을 감았다.
그 때 몸 안에서 자라고 있던 가시들이
외피를 깨고 날개를 달고 싶어 안달이다.

그녀. 8

이제 험한 산은 넘지 말자. 억울한 계곡도 건너지 말고, 매운바람은 가슴에서 밀어내자. 그녀는 다짐했다. 이제 먹이 걱정, 새끼 걱정은 시렁에 얹어놓고, 양지 밭 한 줌 흙으로 살자. 상추 씨앗 심어 놓고, 먼발치 구름 쳐다보며, 비야 내려달라 빌며 살자. 도연명의 귀거래사 읊다 보면 원두막 같은 따뜻한 햇살 강 건너올 것이다. 강바람 모서리에 앉아서 여름 한 철 지나다 보면 귀여운 푸성귀들, 잎새에 돋는 이슬처럼 투명해질 것이다. 얼마 남지 않은 생의 끝자락. 얽히고설킨 실타래들을 끊어버리고 훨훨 날자. 무거운 추들은 다 내려놓고, 가볍게, 가슴 누르는 돌덩이 같은 매듭 풀어놓고, 가볍게, 얼음같이 차가운 눈빛도 지우고, 도시의 막다른 전선戰線에서 만난 연들은 다 끊어버리자. 마른 사막을 지나 이제 푸른 초원 입구에 발 들여놓고 상수리나무에서 측백나무로 옮겨 다니는 새처럼 눈에 밟히는 고사리손들은 뒤로하고 가볍게, 그녀는 다짐하고 또 다짐한다.

그녀. 9

그녀가 꿈꾸는 것은 빵이 아니다.
머리핀이거나
레이스 달린 드레스는 더욱 아니다.
우아한 거실에서 마시는 커피이거나
안락한 이불 밑의 행복도 아니다.
간혹 가슴 치는 음악에 귀를 대고
눈을 깜빡거리거나
느닷없이 찾아온 우수에 발을 담고
미로를 헤맬 때가 있기는 하지만
그물을 찢고 싶은 끼가
하루에도 몇 번씩 고개를 내민다.
미치고 싶다.
옷 속의 속살들이 비명을 지른다.
돋친 가시로 창밖을 응시할 때
그녀의 어깨에 눌어붙어 있는
아이들의 칭얼거리는 눈빛이
시야를 막는다. 순간
샤갈의 정원은 잿빛으로 변했다.
그녀가 달고 싶은 녹색 날개들은
우수수 길바닥에 떨어져 뒹군다.
그녀가 꿈꾸는 것은 밍크코트이거나
날씬한 승용차는 더더욱 아니다

고비사막 같은 막막한 구릉을 넘어
오아시스의 달콤한 저녁 하늘에
힘겹게 닻을 내리는 방랑의 꿈을 꾼다.

그녀. 10

거미가 파리에게 말했다.
오늘밤 나의 거실로 놀러 오실래요?
그 날 나는 그녀의 포로가 되었다.
그녀의 왕성한 식욕은
나의 영혼을 매일 파먹으면서도
늘 허기진 잇몸을 드러냈다.
어느 날은 잠자리 날개옷으로 몸을 가리고
어느 날은 날카로운 금속성의 목소리로
어느 날은 상큼하게 익은 사과 속살처럼
어느 날은 비릿한 생선 냄새를 풍기면서
그녀는 포획한 먹이를 야금야금 먹다가
어느 날 거울을 보았다.
거울 속에서 흰 머리카락이 말했다.
거미가 파리의 거실에 묶여 있었지 아마?
흰 머릿수만큼 희미해진 기억을 더듬는 순간
그녀가 쳐놓은 거미줄은
이미 팽팽한 긴장을 놓치고 말았다.
스스로 옥죄는 시간의 포승이 되어
오히려 자신이 먹이가 아니었나 하는 자책이
그녀의 어지러운 심기에 마구 불을 질렀다.

그녀. 11

할 말이 없어서가 아니다
침묵이 금이다 하고
입을 봉했다
지느러미 흔드는 물고기처럼
물밑만 잘 헤엄치면
언젠가 따뜻한 햇살이
침상 가득 쌓일 것이다 믿었지만
시간의 어긋난 마디들은
굳어진 뼈의 아픈 신음으로 쌓였다.
언제부턴가 거울 앞에서
흰 머리와 주름 사이를
방황하던 그녀는
이제 할 말은 해야겠다고
일어섰지만 다리가 휘청했다.
바람에 휘는 대나무처럼
일껏 세운 꼿꼿함도 휘어지고
머릿속의 계산만 분분할 뿐
입은 여전히 빗장을 걸고 있다

그녀. 12

녹색이 잠든 정원
달이 떴다.
빛의 속살이 감각의 문을 두드릴 무렵
정원수에 둥지를 틀었던 새가
느닷없이 후다닥 날아갔다.
아이의 울음이 아파트 창에 부딪힌다.
커튼이 흔들리고
창구마다 불이 켜지기 시작한다.
나뭇가지가 죽음의 그림자처럼 흔들렸다.
그녀는 지금 둥지를 떠난 새를
잡힐 듯 잡히지 않는 시간의 날개를
망연히 눈시울을 떨며 쳐다보고 있다
담벼락 기어오르는 담쟁이처럼
힘겹게 살아온 한 생애가
목 근처에서 마지막 몸부림을 한다.
그러다 갑자기 손을 놓을 것이다
창틈을 비집고 들어오는
강바람의 휘파람 소리
하모니카 불던 키 큰 남자의
공허한 눈빛이 잠시 스치듯 지나갔다.
사막 끝의 선인장이
노을 진 그녀의 얼굴을 덮는다.

그녀. 13

그녀의 깊은 동굴 속으로 우중충한 회색 안개가 스몄다. 앞을 가린 안개 저쪽에서 태양의 흑점이 동그랗게 떴다. 그것을 등지고 들짐승의 날카로운 발톱이 그녀의 가슴팍을 긁는다.

천공엔 아픈 기억처럼 별들이 우수수 징그럽게 떠다니고, 그녀는 그만 무릎 사이로 머리를 묻었다. 머리카락이 늑대의 울음처럼 흐느낀다. 저 은하를 건너야 하는데, 먼저 육신이 폐선처럼 녹물을 흘리며 기울어질 것만 같다. 희망처럼 깜박거리던 불빛마저 사라지고, 그녀의 꿈은 이승 어느 지점에서 캄캄해지기 시작한다. 궤도를 이탈한 행성들이 그 어둠 속에서 방황하다 침몰하기 직전이다. 그녀는 이때까지 떠돌이별을 타고 가다가 태양 근처 블랙홀에 빠져 끝없이 낙하하고 있었다. 허우적거리다가 무엇인가를 잡았다 싶었는데, 그는 썩은 동아줄이었다. 아직도 그녀는 악몽처럼 그 동아줄에 목을 매달고 있다.

그녀. 14

그가 세운 벽이나 울타리가 노아의 방주일 것이라고 생각했다. 아무리 비바람이 쳐도 파도가 산더미처럼 몰려와도 그 안에 있으면 안락한 꿈에 젖을 수 있겠다 싶었다. 식물이 자라고 염소가 한쪽에서 풀을 뜯고, 곳간엔 그런대로 일용할 양식이 있고, 아이들의 웃음이 날아다니고, 간혹 그의 듬직한 어깨너머로 지구 밖의 세상을 쳐다보면, 온통 호기심이 쭉쭉 뻗어 결국 천국에 이르게 될 것이다 믿었다. 그런데 어느 산 중턱에 이르기도 전에 방주는 난파선처럼 흔들렸다. 날카로운 사금파리 파편들이 삐죽이 고개를 내밀기 시작했다. 그녀의 목 주변을 공격하기 시작했다. 칼끝처럼 아픈 비명이 울대를 치고 올라왔다. 드디어 그가 세운 벽에서 구멍이 보이기 시작했고, 눈물 같은 바닷물이 꾸역꾸역 밀고 들어왔다. 그녀는 요령부득의 혼돈과 난공불락의 시간 앞에서 머리카락이라도 잡으려고 몸부림쳤지만 유리 조각들이 유령의 옷깃을 날리며 사방으로 튀었다. 왜? 물음표들이 방안 가득 쌓였다. 한 번 금이 가기 시작한 거울은 그녀의 마음 끝까지 상흔의 긴 메아리를 몰고 갔다.

그녀. 15

눈을 떴다. 순간 생각이 먼저 비집고 들어왔다. 몸을 일으켜 세우기도 전에 그녀는 생각한다. 고로 불안하다. 밑도 끝도 없이 날강도처럼 달라붙는 생각의 틈바구니에서 해방되기만 기다리는데, 목숨만큼이나 질긴 생각은 도무지 물러나려 하지 않는다. 정체를 알 길이 없다. 생각이 많다는 건 결국 해결책이 미궁에서 헤맨다는 뜻인데, 그놈의 의뭉한 의심은 왜 그렇게 머릿속을 휘젓고 다니는지 모르겠다. 때로는 송곳처럼 찌르기도 하고, 때로는 마음을 쓰다듬기도 하지만 표적을 잃고 바다 위의 부표처럼 흔들릴 때가 더 많다. 창의 안과 밖. 어중간한 지점에서 흑과 백, 아니면 적, 청, 록이 엉켜 분별의 경계가 잘 식별되지 않는다. 집합, 함수, 미적분을 동원해도 그와 그녀 사이의 기하학은 빙산의 밑변처럼 깊은 물 속에 잠겨 있다. 창안에서 그녀가 창밖의 그를 보고 있다고 생각했는데 어느 순간 창안의 그가 창밖의 그녀를 보고 있었다. 모호한 함수관계로 원과 각이, 평면과 입체가 같은 공간에서 날을 세우며 함께 하고, 생각은 여전히 울타리 안과 밖에서 그녀의 심장을 압박한다.

그녀. 16

그는 절대군주였다. 온화한 표정 뒤에 늘 시한폭탄이 있었다. 그녀는 예쁜 포장지에 숨은 소모품이었다. 언제 폭발할지 모를, 초침소리를 목으로 넘기다 그만 눈을 감고 마는 순간의 연속. 그의 등 뒤에서 안도의 숨을 쉬다가 예쁜 포장지들이 벗겨지면서 볼품없이 드러나는 왜소함 때문에 빨리 뛰쳐나가고 싶은 절망의 계곡을 그녀는 수없이 건넜다. 오늘도 쓰다 버린 폐지들이 수북이 쌓였다. 채화되지 못한 꿈들이 시신처럼 널렸다. 그의 폭력은 찬란한 무늬로 지어진 집, 어딘가에 숨어있다. 옷장을 여는 순간, 찬장의 도자기 그릇 뒤에, 휘황한 금빛가루. 거실 천정에서 회심의 미소를 흘린다. 그녀는 신전의 사제처럼 굴종의 미덕을 감수한다. 신이 입혀준 비단 외피들이 벗겨질까 두려움에 떤다. 간혹 잊혀진 기억의 틈새에서 얼굴 없는 사진이 떠오를 때가 있다. 위험한 음모陰毛처럼 감추었던 것들이 물 위에 뜬다. 물 위에 뜬 젊은 시절의 낙서. 그 상형문자의 비의가 아름답다. 고 생각한 순간, 그녀의 현실은 공중분해 되기 시작했다. 밀봉된 비답을 풀었을 때의 흥분이 잠든 대나무 잎을 흔들었다. 주술에 걸린 몽유병자처럼 달을 밟고 다니다 쓰러져 잠이 들 때가 많아졌다.

그녀. 17

자고 싶다
아직 흥분한 분홍빛이
침대 모서리에 남아 있다.
이불 속 어둠을 만지작거리며
그녀는 지금 꿈을 꾸고 싶다.
꿈속에서 나른한 무덤을 만들고 싶다
무덤을 덮고 누워 있으면
깊은 나락으로 끝없이 추락하다 보면
고양이 발톱 같은 추악한 욕망도
한 때의 밥상처럼
추억의 입맛으로 남게 될 것이다.
서서히 저물어가는 단풍잎
땅끝까지 날아갈 듯 몸부림친다.
미련이 남아 아직도
그녀의 눈가에 맴돌고 있는
한 장의 엽서처럼
한 때의 강물 위로 흘러간 휘파람처럼
바람결에 눈시울을 붉히던 노을처럼
붉은 낙엽이 시간 너머로 사라진다.

그녀. 18

그가 돌아왔다. 성공하지 못하면 가죽 혁대를 물고 죽겠다던 그가 돌아왔다. 사하라 사막의 모래바람 같은 퀭한 눈을 하고, 까실까실한 턱수염을 날리며, 하반신은 다 젖어서 돌아왔다. 낯선 외계인이었다. 잠시 가출했다 돌아온 그런 얼굴은 더욱 아니다. 몇 년을 함께 했던 흔적은 전연 없다. 검버섯이 파고든 피부 빛깔만 보아도 이 세상 사람이 아니다. 그 많은 시간을 이렇게 시간 밖으로 걸어 나오기 위해서 헤맸단 말인가. 판독 불능의 내면을 디밀고 있는 그가 이제 증오의 영역을 벗어나고 있다. 기의를 상실한 기표들만 떠돌고 있는 그의 표정에서 이상야릇한 빛이 지나갔다. 신의 미소가 살짝 스쳤다. 왜 이렇게 편안할 수가 있지. 무덤이 곧 평화? 어쩌면 어둡고 긴 터널을 빠져나온 영혼이 새처럼 날아가는 순간을 그는 영원히 간직하고 있다. 이미 강을 건넌 자는 뒤를 돌아보지 않는다. 서늘한 뒤끝만 보인다. 흰 옷자락이 그녀의 망막에서 떠나지를 않았다. 간 자와 남은 자 사이에 있는 감정의 격랑마저 지하의 곡소리로 메아리칠 뿐이다.

그녀. 19

그녀는 오늘 갑옷을 입었다.
현관을 나설 때
우산을 방패처럼 들고
가슴으로 파고드는 빗줄기를
막기 위하여 주먹을 쥐었다.
험악한 하늘만큼
그녀의 표정도 일그러졌지만
세상이 파 놓은 함정쯤
겨울나기일 것이다.
옷 한 벌 더 껴입으면
무난히 건널 수 있으리라
노래의 입은 봉하자
꽃의 눈도 감아버리자.
달콤한 새의 귀도 닫아버리고
모든 감정의 문은 빗장을 걸어야 한다.
지하철 꽁무니에 매달려
이리 뛰고 저리 휘어지다 보면
한 시대의 비바람을 헤치고 온
전사의 비문이 기다리고 있을 것이다
지하의 캄캄한 들녘에.

그녀. 20

그와 그녀 사이를 관통하는 외눈박이가 있었다. 삐딱한 시선과 송곳니를 드러내며 서로에게 총구를 들이밀다가 엿 먹은 표정으로 등 돌리던 그때, 이제 감출 것도, 흥분할 것도 없어 무료해지던 그때, 따발총이라도 있으면 난사하고 싶은 오후 한때, 돌연 그녀에게 세 들어 있는 그의 풀 죽은 얼굴이 시야에 잡혔다. 비 맞으며 늘어진 나뭇잎 같다. 잠시 측은하다 생각했지만 금방 그녀의 심기는 모래알의 감정을 삼켜버렸다. 그와 그녀 사이에는 리모컨이 없었다. 서로를 종속시킬 수 있는 힘이 남아 있지 않았다. 창피, 미안, 안쓰러움은 이미 마른 논바닥이었다. 낭패의 쓴맛을 경험한 이리가 속으로 이를 가는 동안 그녀는 속사포처럼 말을 쏟아냈다. 그는 잡힌 말의 꼬리를 잘라내고 도망치다가 어느새 돌아서서 소림사의 권법으로 그녀의 면상을 타격했다, 순간 증발하고 싶었다. 캄캄했다. 이 풍진에서 이렇게 가루가 될 때까지 산다는 것은 정말 부질없는 일이다 생각했지만 그녀는 다시 도마 앞에 섰다. 도마 위에 누운 고등어의 눈에서 불꽃이 튀었다.

그녀. 21

등 돌린 자의 험악한 계곡은 너무 깊었다. 모든 감각의 문에 귀를 세우고 계곡의 깊은 신음소리를 들으려 애썼지만 그의 등은 몇 개의 산등성이를 넘어올 때까지도 끝내 돌아서지 않았다. 시간의 덧없음이 한겨울의 흰 눈처럼 쌓이고, 해어진 옷자락이 망루에서 펄럭이는데, 그의 눈썹은 여전히 50년 전의 마른 나뭇가지에 매달려 있다. 바람이 흔들어도 바위처럼 미동하지 않는 그를 바라보며 그녀는 불편함을 지나 체념의 좁은 외길을 가고 있다. 어둡고 축축한 깊은 심연을 헤매며 화사한 꽃이 피던 때가 언제였지 가늠 해보지만, 좁은 골이 패인 이마가 신음처럼 거울 앞에 있을 뿐이다. 마냥 그렇게 주저앉아 있을 수만은 없어 또 막연한 기대를 몸 깊이 꼿꼿이 세운다. 글쎄, 세월만 좀 먹는다니까. 아무리 도리질해도 신경은 자꾸 그에게로 달려간다. 그의 외출은 한때의 복사꽃처럼 날아갈 듯 화사한 옷을 걸치고 있지만 결국 지상으로 낙하하게 될 것이란 믿음에도 어느새 틈이 생겨 빗물이 고이기 시작했다. 갈대밭을 헤매는 학처럼 허둥대던 그녀는 이제 닻을 내리자 다짐한다.

그녀. 22

그물에 갇힌 고기떼들의 은빛 반란처럼 그녀는 오늘 외출을 결심했다. 날개 달린 드레스를 입고 화관 족두리 대신 새의 문양을 새기며 세상을 활보하고 싶었다. 그가 누워 있는 방의 문을 닫는 순간 그녀의 심장은 다시 박동하기 시작한다. 그녀를 가두고 있는 지옥으로부터 해방되는 희열의 한 때를 잡기 위하여 그녀는 지금 막 호흡을 가다듬었다. 몇 겹의 문을 지나 세상의 찬란한 공기 속으로 발을 디밀었을 때, 모반의 불안한 흥분이 전율하듯 혈관을 타고 흐른다. 그런데 집을 등진 그녀 앞에 다가온 세상은 사방으로 난 길뿐이었다. 자동차의 경적으로 꽉 막힌 수많은 길들이 그녀를 당황하게 했다. 아직도 잠자고 있는 어린 시절의, 가슴을 분홍빛으로 물들게 했던 그즈음의 글씨체들이 눈발처럼 흩날렸다. 사통팔달의 길 가운데서 그녀의 길은 시계視界 제로였다. 열쇠가 채워진 서랍 속의 비밀문서처럼 꼬깃꼬깃 감추고 살아온 은밀한 내면들이, 세상 밖으로 나오지 못한 여린 손짓들의 아우성이 보인다. 그녀가 어수선한 경적 사이에서 자꾸만 퇴행하는 꼬리를 붙들고 망막을 흐리게 하는 그때, 오토바이가 그녀의 고막을 밟고 지나갔다.

그녀. 23

발목이 시리도록 걸었다.
구릉을 넘고 사막도 건넜다.
목마름과 허기진 달 안고
허리가 휘어지도록 달려왔건만
손바닥 위에 놓인 것은 한 움큼의 흰 머리
그녀는 왠지 앞이 더 침침해진다.
이제 누구 때문이다란 말은 지우기로 했다.
다 부질없다 생각하지만
오늘은 대웅전 앞뜰에서 탑돌이를 해야겠다
명부전에 들려 그의 혼백이라도 봐야겠다
옷을 주섬주섬 챙기다가
명치에서 빠져나가는 부엉이를 봤다
허전하고 캄캄한 하늘의 별들 사이로
떠도는 부엉이 울음을 봤다.
칼바람 토해놓는 깊은 산 속의 응어리가
명치끝 깊은 우물에서 요동을 쳤다.
산등성이를 빨리 넘어야 한다 생각했는데
뜬금없이 추어탕 진국 맛이 발목을 잡았다.
엘리베이터의 꿈은 하늘로 가는 것,
그 길목을 추어탕이 복병처럼 막고 있다

그녀. 24

그녀는 흉악범의 몸속으로 들어갔다.
거기서 그녀는 안락을 꿈꾼다.
평화와 행복이 있을 것이라고 믿는다.
그런데 그녀는 모른다.
왜, 현실과 이상이 이합집산하며
그녀를 아프게 하는지
그녀의 꿈이 무참하게 뭉개져서
화사한 꽃으로 환생하는지
붉은색으로 번지는 몸속의 균들
때문에 지새운 백야, 그 열병을
세탁해보지만 지워지지 않는 시간
목을 칭칭 감고 있는 굴레에서
그녀가 찾고 있는 안락은 시궁창이다.
그녀가 사랑한 흉악범의 가슴 안쪽에
아직도 따뜻한 피가 있을 것이라고
믿는 도끼에 발등이 찍혀
낭자하게 칼질당하는 그녀의 꽃등심
발코니에는 여전히 장미 넝쿨이
창밖을 향하여 가지를 뻗지만
유리창은 절벽처럼 그 길을 막고 있다.

그녀. 25

산 넘어 산. 왜 그렇게 힘들게 살았는지 모르겠다. 화무십일홍花無十日紅. 제대로 피지도 못하고 져버린 꽃인데, 그녀는 이제 잠들고 싶다. 깊은 침묵의 바닷속으로 끝없이 낙하하고 싶다. 가슴에 꽂혔던 칼 빠지고 나니까 구멍 뻥 뚫린 희망이 보인다. 봄이 되니 화분의 꽃사과가 옷을 입기 시작한다. 겨우내 시리도록 벗고 있더니 이제 앙상한 뼈마디를 가리고 싶었나 보다. 그것이 파랗게 돋아나는 생살처럼 보인다. 아프다. 아직도 싱싱함 근처에서 맴돈다는 것은 꼭지가 덜 떨어졌기 때문이다. 보지 말자, 듣지 말자 다짐하며 다스렸던 그간의 노고가 또 수포로 돌아갔다는 뜻이다. 그녀는 다시 눈을 감는다. 고요의 깊이를 가늠하며 빙긋이 저녁노을을 떠올린다. 뺨을 때리는 빗방울 뒤에는 항상 무지개가 있었다. 그런데 그것은 실체가 아니다. 눈을 뜨는 순간 지워지는 아픈 기억일 뿐이다. 저녁노을은 황홀한 침묵의 중심에 있다. 그녀는 침묵의 무덤에서 하얀 날개옷처럼 웃고 있었다.

제3부

평행선

그가 떠난 뒤에
낙엽처럼 뒹구는 말 조각들
앞뒤 문맥을 헤매며 역추적을 해도
미로에서 벗어날 수 없다
갈피를 잃은 미궁
어금니를 깨문다
있어야 될 자리를 잃은 채
자꾸 헛 눈질을 하는데
그의 뒤통수는 왜 이렇게 아프게 하지
깊은 동공에 박힌 심지를 뽑지 못해
손바닥만 계속 뒤집는다
여전히 물속 깊이는 알 수 없다
그가 쳐놓은 말의 그물에 걸려
발버둥치는 은빛 비늘
마음의 협곡에서는 독버섯이 자라고
독침들이 어지럽게 날아다닌다.
지하 동굴에서 헤매던 말들이
침묵의 수면 위로 앙칼지게 떠오를 때
얼음 빛이 그의 얼굴을 스쳤다.

핀셋

1

죽은 파리를 집어 올린 손으로
방바닥 뒹구는 저승을 건져 올린다
투명함이 사라진 빛 뒤로
미끄러지듯 잠수하는 손
은빛 철제
이승의 비명이 잡혔다
핀셋 끝에 매달린 허공
졸린 눈
휴지는 목덜미 잡힌 억울함을 호소하지만
낚아챈 순간의 기억을
집요하게 물고 늘어지는 핀셋의 고집
휴지의 항명은 쓰레기통으로 들어간다.
비밀의 문은 닫혔다
밀실에 갇힌 이승의 흔적들은
뚜껑 열릴 날을 기다리지만
기다리고 있는 것은 더 큰 지옥이다

2

사막에서 머리카락을 집어 올린다. 그러자 죽은 꽃이 다시 살아나는 통증. 손톱에 긁힌 아픔 한 송이가 피어나고, 너의 청순한 눈빛이 허공에 떠 있는

데, 비로드 살결처럼 내려온 밤은 달콤하지가 않다. 감정의 지옥 저쪽에서 머리를 드는 뱀. 핀셋으로 집어 올린 머리카락은 지상을 떠나는 영혼의 울부짖음으로 자꾸 울대를 친다. 지나가버린 숱한 시간들을 동면에서 깨우고, 목에 걸린 음악의 한 소절처럼 강의 여울목을 떠올리게 한다. 눈이 시려 햇빛을 등지다가 여기저기 뒹구는 삶과 죽음의 아우성에 귀를 막는다. 간 자는 말이 없는데 산 자들의 곡성이 산의 정상으로 오르고, 눈밭에 홀로 선 나무처럼 노을을 보다가 머리카락이여 안녕. 손을 흔든다. 황혼 저쪽에서 부르는 소리. 간헐적으로 들려오는 머리카락의 흐느낌 사이로 처량한 달이 떴다. 낙동강 하구언을 지나가는 철새들이 잠시 목을 스쳤다.

지하철

졸음 묻은 시간. 하품의 깊은 동굴 속에도 빛이 들어왔다. 흔들리는 어두운 창에 기대어 명멸하는 기억을 더듬다가 깜박 잠이 드는 순간, 나일강 어디쯤이었지. 파라오가 나타나 피라미트 지하 동굴로 인도한다. 미이라들이 에워쌌다. 우중충한 눈빛이 엉켜 피를 말리는데 덜커덩 정차하는 굉음에 깼다. 미이라들은 줄을 서 내려가고 텅 빈 객차 안에 홀로 남은 자는 빈 공간을 안고 달리는 바퀴 소리에 목을 매단다. 끝없이 공전하는 죽음의 그림자.

민락에 오면 식탁에서 심장이 뛰는 활어가 있어요. 마지막 숨을 거두기 직전 눈을 뒤집고 빤히 쳐다보는 원망을 들여다볼 수 있어요. 그러면 바다가 쏟아져 나와요. 칼침 맞은 바다의 처절한 몸부림을 먹을 수 있어요. 기억 어디쯤에서 흘러나오는 멘트에 놀라 눈을 떴다. 센텀시티, 시립미술관, 동백역이 지나갔다. 해운대 바다 밑으로 기어들어가는 어둠 속에서 어떤 예감에 촉수를 곤두세운다. 해일이 오고 있다는 일기예보를 들은 것 같기도 하고, 쓰나미와 고기들의 떼죽음이 보이기도 했다.

중동역은 한산했다. 지상으로 올라가는 엘리베이

터 안에서 기침을 했다. 지하의 곰팡이들이 호흡기를 압박한다. 목 안에 잠복해 있던 것들이 지상으로 쏟아져 나온다. 도시를 휘황하게 덮는 발광체들처럼 기침은 밤하늘로 번졌다. 불온한 사상가의 저주가 등을 토닥거렸지만 한 번 시동을 건 혁명은 멈추지 않는다. 돌은 명치끝에 있고, 기침은 계속 목이 터져라 혁명가를 부르는데, 돌 같은 절망은 명치에서 한 발짝도 움직이지 않는다.

익사

그녀의 팬티가 물 위에 떴다
그런데 그녀는 보이지 않는다
다시 그녀의 브래지어가 뜨고
또다시 뒤집힌 그녀의 치마가 떴는데
그녀는 머리카락만 보일락 하다가
다시 잠수해버렸다.
잡동사니들이 어수선하게 헤엄치는 동안
전복한 배 밑에서 죽음의 아우성이 넘칠 때
별들은 총총히 박혀서 장송곡을 불렀다.
그녀는 하얗게 언 몸으로 물밑에서
물 위를 떠다니는 곡소리를 들었다.
어느 행성에서 유리된 비행물체처럼
까마득하게 떠돌다가
차갑게 식어가는 의식의 낭하에서
여기저기 돋아나는 검은 꽃을 보았다.
그녀의 몸이 산호섬에 안착했을 때
찬란한 불꽃이 광안대교에서 작렬했다

밤

어둠 속에 살쾡이 눈이 박혀 있다.
소름이 돋아 바짝 형광등을 켜는데
정체 없는 울음소리가 골목을 휙 지나갔다.
칠흑의 넝쿨에 목이 감긴다.
마천루의 그림자 짙은 후미진 외길
오금을 펴지 못하고 미아처럼 서서
엄습하는 두려움에 치를 떤다.
엉거주춤, 한 발짝 앞으로 나가려는 순간
어둠 속에 떠 있는 야광의 눈빛 때문에
발목 잡힌 채 뚜껑이 열리고
후들거리는 다리 밑의 땅이 꺼진다.
분별없는 저공비행을 하다
앞뒤 꽉 막힌 밤의 저인망에 걸렸다
정적 뒤에 숨은 날카로운 비명
귀가 밤의 몸을 더듬는 동안
머리털이 발기하여
도리질을 몇 번 했는지 모른다
이제 잠들고 싶다 했을 때, 밤은
하얀 미소 뒤로 뒷거름 치기 시작했다.

불구의 방

문득 해가 창을 스치듯 기울어졌다.
엷은 어둠이 방안으로 들어온다.
그러자 형광등 불빛이
부유하는 먼지를 안고 내려왔다.

구석에 엎드려 있던 종이 지붕이 일어서고
삐딱하게 서 있던 탁자가 중앙으로 나오고
눈 도망간 인형이 그 위에 의젓하게 앉는다.
웅크리고 있던 잡동사니들의 세상

빠져나온 자동차 바퀴가 뒹굴고
철제 손이 기어 다니는 방
첼로의 현이 출렁거릴 때마다
팔 다리가 발광을 한다.
도망갔던 눈이 튀어나와 더듬거린다.

막 철교를 지나온 가벼운 기관차
육중한 무게로 주저앉아버린
곰돌이의 푹신한 털 속에서
다섯 살 어린아이는
눈처럼 하얀 고사리손을 흔든다.

내 안의 방

바람이 신발 벗고 달려온 날
문풍지가 하얗게 노래지던 날
내 안에는 따뜻한 눈이 쌓였다
안락과 평화가 스며들어오고
나는, 칼 맞은 나는, 고치 튼
나는 너무 조용해져서
짐승의 울음을 지우다가
잠이 들었다.
방 안엔 아직도 미숙아인 내가
요 밑으로 파고드는 손발처럼
불빛이 새나가는 창을 더듬는다.
매서운 겨울이 가고
봄은 오지 않는다.
바로 신열을 앓는 여름인데,
내 안에서는
여전히 화려한 상처를 안고
꽃들이 무덤으로 가고
나는 그 행렬 뒤에 있다.

개미

개미가 나들이를 나왔다
엄지손가락이 그걸 눌렀다
혼자 날뛴 죗값이라고
세상은 입방아를 찍었다
그렇게 그가 온 길은 지워졌다
아니 그런 듯이 보였다
억압과 폭력이 득세한 듯 보였다
힘이 세상을 덮고
주눅 든 자들은 전부 엎드렸다
발밑에 엎드린
가랑잎들은 마른기침을 흘렸다
그런데 으스름달이 떴다
오솔길이 보였다
다시 동굴이 삐죽이 문을 열었다
나뭇잎들이 증언을 시작하고
누군가 촛불을 들었다
그러자 수많은 개미떼의 침묵이
죽은 개미가 갔던 그 길을 따라
끝없이 행진하고 있었다.

콜라텍

거기에 가면 꿈꾸는 늙은 나비들이 있다.
아름다운 죽음의 문턱에서
감미롭게 목을 적시는 음악이 있고
아픈 기억들이 잠시 숨을 멈추는
희열과 몰입과 짜릿한 흥분, 그리고 율동이 있다.
지구를 반 바퀴쯤 돌았을 때
한강의 저녁노을이 뜨고
바벨탑의 꼭대기에서 추락하는 허전함과
두고 온 삶의 보따리들이 풀어져 뒹구는 압박과
꿈 밖으로 튕겨 나온 현실의 차가운 공기가
다시 호흡을 조절하지만
거기에 가면 꿈꾸는 뽕짝이 있다.
서역 하늘로 날아가는 철새 떼들의 윤무輪舞
비틀거리는 황혼의 주름도 잠시 잊은 채
탱고는 열심히 마지막 열정을 실어 나른다.
교감의 부피가 풍선처럼 부풀 대로 부풀고
어느 순간 터질 것 같은 고통의 환희,
우주의 심연을 건너와 별빛처럼 반짝거린다.
조명의 금빛 가루가 현란하게 몸을 감고
통곡처럼 흘러가는 육박의 리듬,
박제된 천 개의 눈들,
깊은 감정의 바닥으로 떨어지는 어둠의 물결
거기에 가면 꿈의 가면을 쓴 물 찬 제비가 있다.

나는 억울하다

갑자기 모퉁이가 튀어나와 길을 막는다. 느닷없이 찾아온 돌출 사고에 노래진다. 캄캄해진 해를 안고 물속으로 뛰어든다. 바람도 없다. 마른 잎들이 길을 잃고 헤매는 길옆에 서서 목덜미로 흐르는 땀방울을 훔치지만, 목을 조이는 감각의 능선은 끝이 없다. 까마득한 쓴맛이 혀를 난타하고, 질긴 어둠이 목젖에 걸려 아무리 뱉으려 해도 뱉어지지 않는다. 끈끈한 그림자가 식도를 타고 위에 이르는 동안 역류하는 낙동강을 보았다. 거대한 현기증이 물보라처럼 일어서는 것을 보았다. 자동차의 경적이 귀를 막는다. 온통 세상은 헤드라이트 불빛으로 가득한데, 내가 있는 지점은 보이지 않는다. 막다른 골목이 부러진 늑골을 드러낼 때도 탐욕의 눈들은 사방에 벽돌을 쌓았다. 그래서 끝없이 또 다른 골목을 만들고, 미로처럼 엉킨 골목에서 골목으로 헤매다가 그만 모퉁이에 걸리고 말았다. 허공을 등지고 엎드린 육신. 그 위로 헬리콥터가 떴다. 골목의 하늘은 손바닥만 하게 떴지만, 저승사자의 굉음은 고층빌딩을 덮는다. 나는 억울하다. 모퉁이에 걸려 넘어졌을 뿐인데, 검은 조사弔詞의 꽉 막힌 행간에서 왜 잠을 자야 하는가.

일상

많은 사람들이 혼자 걸어가고 있다.
잠시 신호등 앞에서 한눈팔다가
우우 빗질에 쓸려가는 낙엽처럼
건널목을 건너
남북으로 갈라지는 물결 틈에서
웬 낯선 비명이
경적을 뚫고 나와 목을 감는 순간
우뚝 선 비문
죽음의 글귀들이 창대처럼 서고
창백한 주인공은 옷자락을 움켜쥔다.
사방에서 볼록렌즈들이 튀어나왔다.
불안한 동공들이 모여들며
잠시 소란한 길들이 이어지고
호각이 골목을 바삐 달려나가고
어지러운 고층빌딩이 저공비행 하는 사이
까마귀는 마천루 위에서 시가를 묻다.
그 날 저녁 뉴스의 메뉴는
외계인이 국경을 넘어와 소란을 피웠다는
피의사실의 추측보도와
이에 대한 여야의 날 선 공방과
무관함을 강변하는 피의자의 가린 얼굴과
허기진 시민들의 무표정한 반응이었다.

그 날

그녀가 결혼식을 했다
지하철은 유난히 붐볐다
나는 지각을 했다.
늦게 도착한 갈매기가 선창가를 돌다
안착할 곳을 찾지 못하고
끽끽 우는 동안
나는 부동자세로 상사 앞에 섰다.
고개를 숙였다
억울한 침을 꿀꺽 삼켰지만
눈물이 자꾸 앞을 가렸다.
지하벙커로 내려가 숨고 싶었다.
이 세상에 얼굴을 내미는 자체가
위선이다 생각했지만
그것도 잠시 부상하다 잠복해버렸다.
벨이 울렸다
폰이 없는 세상으로 가고 싶다
연신 압박붕대처럼 울리는 벨소리
신경계에 이상 신호가 오기 시작한다.
책상 위의 서류들이 반란한다.
아, 짧은 탄식이 흘러나왔다
눈을 감았다. 별들이 보일 듯했지만
어둠의 육중한 부피에 가렸다.

퇴근길 지하철도 만원이었다.
비집고 들어간 꼭 끼이는 틈새에서
나는 안락한 휴식을 취한다.
무심결에 누군가가 밀었지만
나는 침묵의 발끝에 힘을 주었다.
이제 집이 멀지 않다는 것을 직감한다.
지하벙커에서 지상으로 올라오는 동안
승강기는 뜬금없이
신혼여행 중의 그녀를 떠올리게 했다.
점점 멀어져 가는 그녀의 뒤통수가
저녁노을처럼 황홀하게 다가왔다.

집 나간 나

하늘을 표절하고
산을 표절하다가
바다에 와서 목을 놓는다.
도무지 내가 표절이 되지 않아서
깊은 밤 뜬눈으로 지새우며
집 나간 나를 찾아 헤맨다.
이 처절한 심정을 알기나 하는지
강아지가 컹컹 짖는다.
내가 표절한 시의 곳간을
마음대로 휘젓고 다니다가
눈망울이 물컹해져서는
나를 빤히 쳐다본다.
그 눈에 박힌
나는 도대체 누구인가

사막의 노을

사막의 영역에서 노을은
타는 목마름이다.
간절한 소망이 목구멍으로 넘어가는
노란 음악과 같은 것
오랜 여행 끝에 지쳐
서역 하늘 어디쯤에 멈춰선
청둥오리의 황홀한 날갯짓 같은 것
한 옥타브씩 성대를 높이다가
드디어 막다른 음역에서
그만 추락하고 마는 생의 변곡점
금방 넘긴 뜨거운 국물처럼
노을은 찔끔 눈을 감게 했다.
원색으로 폭발하는 감정의 극점
눈먼 자의 동공이 하늘에 박혔다.
세상은 그 순간 귀를 닫는다.
서산 넘다 잠시 목에 걸린 시간
지느러미 흔드는 색色의 미궁 같은 것

자동차

달린다. 그러다 멈췄다.
속도의 빈 공간에서 산이 거꾸로 섰다.
비 내리는 호남선이 지나가고
잠깐 착각의 호수에 안착.
그러나 또 달리기 시작한다.
휘어진 고속도로는 자꾸 뒤로 가고
언젠가 그녀가 내 앞에 있을 것 같은
환상은 해안을 끼고 돌았지만
차창으로 돌진하는 진눈깨비.
바다는 갈매기 날개 뒤로 사라지고
사라진 산호초의 꿈은
구급차에 실려 붕대를 감기 시작한다.
그렇게 또 달렸다.
어느새 캄캄한 밤이 가로등을 덮친다.
그때부터 밤을 업고 달렸다.
고양이의 눈빛이 간혹 스치듯 지나갔다.
깊은 산 속 부엉이 울음 같은
적막강산을 지나 드디어
휘황하게 명멸하는 도시
불야성의 막다른 절벽 앞에 선다.
그리고 욕망의 처절한 시신들이 쌓이는
일방통행의 막장 드라마를 위하여

소도구로 전락했다.
망가질 대로 망가진 강판 조각
오금을 펴지 못한 채 또 길을 잃었다.

피리

연필 자국 따라가다 보면
기억 한쪽의 바다가 열린다.

귀들이 처절하게 몸부림치는
바다 끝으로 해가 지면
솔바람은 칼의 비명을 품는다.

칼끝이 가슴에 구멍을 내고
구멍마다 잠겨 있던 소리가
속치마 살결처럼 흘러나온다.

캄캄한 수평선 저 너머에서
피리는 눈을 닫고 귀를 연다

바다에 잠긴 달의 반원을 가로질러
소리의 편대가 까욱까욱 사라질 때,

피리는 황홀한 피를 쏟는다.

검은 미사

면사포 뒤에서 신의 목소리를 듣는다.
돌덩이처럼 떨어지는 갈라진 음성
귀가 번쩍 열리고
무덤들이 우우우우 일어서고
도끼눈들이 나뭇잎 뒤에 숨었다
검은 바람이 그만 옷을 찢었다.
신의 옷깃이 잠시 목을 스쳤을 뿐인데
어둠의 날개가 마천루를 덮었다.
갑자기 기도문이 강을 이루고
강둑 위에 선 사제의 지팡이가
하늘을 향하여 사시나무 떨고 있을 때
모래바람, 사막을 건너다 주저앉았다.
신이여,
면사포를 쓰고 오늘도 부릅니다.
섬광 같은 묵언을 듣기 위하여
신전의 기둥을 잡고 목을 놓습니다.

비운다는 것

늑골 사이로 시린 바람이 들어오는 것
빈 항아리에 빈 물이 담기는 것
서러움이 썰물처럼 빠져나간 자리에
빈 그녀가 뜨고 그 위로
만삭이 된 내 몸이 겹치는 것
아픈 새움이 새파랗게 돋는 때
빈 하늘에 초승달이 외롭게 뜨는 것
그녀가 떠난 빈자리에
대나무의 흐느낌이 고이고
고드름처럼 매달리는 싸늘한 상처는
커피 한 잔으로 달래지지 않는다
금 간 거울에 찢긴 얼굴 조각
그녀의 귀를 만지고 코를 비비다 보면
입술이 달콤해지고 눈이 멍청해지는데
정돈되지 않는 생각의 이랑마다
퇴비들은 가득 쌓이고
그걸 감당하지 못해 고개를 숙인 채
어깨 들썩이는 덜떨어진 꼭지 사이로
빈 바다가 보이는 것.

제4부

새가 되어 가는 곳

슬픔은 이유 없이 찾아오는 것
거리를 쓸고 가는 낙엽 때문에
머리를 무릎에 박고 등을 들썩거릴 때
유리창 깨지는 소란의 한복판에서
멍한 시선, 탑 끝을 맴돌 때
선창가 잿빛 하늘이 갈매기 등 위에서
무거운 저음으로
마음의 흙터를 누르고 있을 때
항구의 뱃고동이 바다 위에 떠 있을 때
너무 잔잔하여 흐름을 멈춘 듯한 물결
그렇게 흘러가는 아름다운 시간 때문에
나는 잔인해지려고 칼을 갈지만
녹슨 몸은 이미 지옥의 문 앞에 있다.
겨울이 가고 봄이 오고
여름 가고 다시 가을이 지나갈 때
산을 넘는 억새의 속 빈 비명이
내 영혼을 아삭아삭 씹을 때
언젠가 이룩할 그 날을 위하여
허공에 떠 있는 새의 기억들을
따라가다 보면 보인다.
새가 되어 가는 곳이
슬픔의 가루 뼈가 모인 천국이란 것을.

달리의 오후 6시 55분

곡마단이 떠난 공터에 바람이 쌓였다.
종이와 낙엽이 같이 뒹굴었다.
가로등 불빛이 폭력처럼 쏟아지고
시계탑 바늘은 비스듬히 허리를 꺾었다.

기억의 한쪽 거울은 투명한 녹색이다.
사과 속살의 긁힌 자국과
그녀의 충혈 된 눈이
암벽에 박힌 화석의 무늬와
완고한 시간의 고집처럼
녹색 거울 저쪽에 못 박혀 있다.

나는 곡마단이 떠난 뒤에도
가로등이 하나둘 켜질 때까지
해바라기밭으로 가버린
그녀의 그림자를 안고 떠나질 못했다.

뼈가 으스러지는 추위가 왔다.
꽁꽁 언 돌처럼
이를 악물고 고개 박고 있던 나는
그녀의 해골을 가슴에 품고서야
사막의 한 줌 모래로 돌아갈 수 있었다.

땅거미가 내려오고
겨울의 어둠이 시작되는 지점에서
시간은 멈췄다. 그동안
우리들 외피는 다 벗겨져 남루가 되고
남은 것은 시간의 뼈
살점 다 뜯긴 앙상한 뼈의 아우성
그런데 기억은 여전히 6시 55분이다.

꿈

빙벽 위에 목 떨어진 부처가 앉아 있었다.
독수리가 빙벽 주위에서 검은 날개를 폈다.

힘겹다 말하는 순간 땀방울이 등골을 훑는다.

끝없이 오르다 주저앉고, 또 일어서지만
발밑의 허공은 무중력의 낭하, 그 위에서
나는 백설이 난분분한 머리를 휘날린다.

어젯밤엔 아버지의 흰 옷자락이 스쳤다
회초리가 휙 지나갔는데 아프지 않았다.

빙벽 위의 부처가 아버지라고 가슴 움켜쥐며
힘겹게 오르고 또 올라갔는데 항상 제자리였다.

회초리로 나무라시던 아버지, 그때마다 부처님을
찾았던 기억의 먼 통로 끝에 매달려 있는 나

목메어 불러도 어느새 부처님이 된 아버지는
목 부러진 채 까마득히 먼 허공 위에 있다

윤회

나는 전생에서 무엇이었을까
힘없는 해변의 잔잔한 모래였거나
중뿔나게 불거진 자갈돌이었거나
물밑 바위틈에 도사리고 앉은
투명한 빛깔의 조개껍질이었을 것이다

그래서 이승에서는 도둑고양이로 산다.
남의 집 지붕 위에 앉아
세상이 다 내 것이라고 아우성치며 산다.
야광의 눈빛 뒤에 발톱을 감추고
언제든 뛰어내릴 각오로 포획의 꿈을 꾼다.

잔잔한 모래는 늘 발밑에서 신음하고
불거진 자갈돌은 내미는 머리부터 두들긴다.
내 안의 조개껍질은 투명함을 잃었다.
검은 칼날이 심장을 오릴 때까지
이 지붕에서 저 지붕으로 뛰고 또 뛴다.

저승에서는 사막의 캄캄한 달이 될 것이다.
아니면 깡마른 겨울 한천에 뜬 등燈처럼
가지 위에 걸린 외로운 투명함이 될 것이다.
아니다. 세상 등진 절 앞의 향나무로 있다가
참회하며 소신燒身하는 명부전의 향이 되리

하늘

누가 몸 안에 있는 하늘을 본 적이 있나요
술 취한 친구가 잠시 품에 안겼다 간 적은 있지만
누구도 제대로 보거나 만져본 이는 없습니다.
그러고도 사람들은 감히 하늘이 푸르다고 말합니다.
검은색이 풍랑처럼 출렁거리고
온통 붉은색이 환쟁이 칼끝처럼 춤을 출 때도
사람들은 하늘이 푸르다고 외눈을 깜박거립니다.
무지개 뜰 때도 있고, 노을이 휘감을 때도 있지만
하늘 귀 잡고 울고 있는 풍금 소리가
까마득한 기억 저쪽에서 눈망울을 글썽이게 하는데
저승과 이승의 경계를 달리고 있는 하늘 끝을
사람들은 푸르다고만 고집을 부립니다.
하늘은 변덕이 심합니다.
어제는 각을 세우고 있다가 오늘은 원을 그립니다.
내일은 긴 기둥으로 처마 밑을 받쳐주기도 할 겁니다.
살랑살랑 옷자락 스치듯 다가와서는
나뭇잎으로 얼굴 가리고 웃기도 합니다.
하늘은 메밀꽃 속에서도 자라고, 자동차 경적 속에도 있고
우주의 숨소리로 생명의 새싹을 만들다가
지금은 소복하고 화장장 입구에 서 있습니다.

불기둥처럼 타고 있는 그대의 가슴 한쪽에서
하늘은 몸 둘 바를 몰라 찢어진 옷자락으로 펄럭입니다.
차갑게 젖은 절망의 모퉁이에
푸른 깃발 세우려고 안간힘 쓰던 하늘을 안고
나는 지금 깊은 밤의 은하를 건너고 있습니다.

사팔뜨기

바람이 곁눈질한다.
그럴 때마다 풀잎들이 자지러지지만
바람은 마냥 휘청거리며 산을 넘는다.
깊은 계곡의 신음을 안고
들을 지나 강을 건너는데
전나무는 삐딱하게 서서
세상만사 허울뿐이라고
가지를 흔들어댄다.
씹는 소리와 씹히는 소리가 맞닿은 수평선
노을이 눈을 옆으로 치켜뜨는데
내 한평생은 저렇게 황홀하지 못하다.
옷깃도 다 여미지 못한 채
풀어진 머리카락 날리며
그저 멍한 시선으로 황혼의 뒤를 쫓다가
그만 찔레꽃 넝쿨에 주저앉는다.
찔레 가시가 파고드는 아픔을
꾹꾹 누르며 마디를 움켜쥐는데
바람이 비스듬히 모래 한 줌 안고 간다.

산사山寺

마을에서 꽤 멀리 떨어진 산 중턱에
낮게 엎드린 조그만 암자가 있었다.
외롭게 뜬 처마 끝에 하늘이 있고
간혹 솔개바람 협곡을 돌며
풍경을 소스라치게 깨우는 때
가시 든 사람 몇이 황급히 무릎을 꿇는다.
허기진 주문이 법당 안을 돌고
간드러지는 촛불 뒤에서
관음보살이 농염한 이를 드러낼 것 같다
세상사 다 번뇌인데 잊자 한들
마음속 깊은 우물 울지 않을 수 있으리
목탁소리가 울음보를 건드리는 것처럼
청명한 밤의 적막을 두드린다.
가슴에 박힌 못 트림하듯 뽑힐 듯한데
아픈 자국 여전히 지워지지 않는다.
이름 석 자 무거운 짐 끝내 덜지 못하여
비탈길 휘청휘청 미끄러지며
엉덩방아 찧다가 보았다
소쩍새로 환생한 처절한 울음소리
이 산 저 산 산골짝을 지나
수천수만 우주의 별들 사이로 떠도는
울음의 정체를 이제 조금은 알 것 같다.

건망증

무엇인가 잃어버렸을 때
옆구리가 허전해서
뒤를 돌아보는데
기억은 자꾸 어둠 밑을 헤맨다.
전조등 켜고 열심히 더듬거리지만
까마득한 빛이 건너오다가
전봇대 뒤로 숨었다.
머리카락만 잠깐 보였을 뿐
시는 아직도 오리무중이다
올라올 듯, 잠수해버리는 명사들
아니 동사였는지도 모른다
문장의 처음과 끝,
아귀가 맞지 않아서
담배 연기 속에 머리를 싸맬 때처럼
신경은 팽팽해지고
그러고 보니 나의 생은
잃어버린 것 찾아 허덕이는 생이고
늘 황당한 긴장의 연속이고
기억을 더듬고 또 더듬다가
어설프게 닻을 내리는 엉성한 부두다.
시끄럽고 어수선하게 허둥대다가
허공으로 둥둥 떠내려가는 고무풍선이다

이명耳鳴

언제부터 내 귀에서
매미가 자라고 있었는지 모르겠다.
번잡한 한낮이면 조용하다가
하루를 마감하는 적막강산에 들면
한밤중에 눈 뜨는 별들처럼
음치의 천공에 소리의 못을 박는다.
대숲 바람 소리, 실개천 개울물 소리,
자연의 운韻을 나르는 매미
바다로 창을 내고 몸을 뒤채일 때
수평 끝 불 밝힌 오징어 배처럼
가물가물 떠오르는 소리의 곡예
청각의 벽을 건너 기억의 저쪽으로
옥색 소리 안고 고개 넘는 서편제
눈시울 붉게 흥건히 젖어서
이제 비우자 유난히 다짐하는 오늘
잠들지 못하는 한 생애의 꼭지에서
가늘고 긴 애절한 소리의 늪에 빠진다.

폐철길

바다로 창을 내고 달리던
완행열차는 이제 보이지 않는다
해안선 따라 선회하던 갈매기도
안개 저쪽으로 사라지고
나비도 잠깐 철로 위에 있다가
녹색 뒤로 사라졌다
폐철로만 남아 우중충한 하루
어깨를 부둥켜안은 연인들은
기적을 반추하며
코스모스 위로 내려온 햇살과
잠시 눈웃음을 주고받는다.
하늘로 들어가는 문이 저쯤 있고
옷 벗은 악동들이 근처에 있지만
현실에서 비껴선 철길은
도시가 밀고 간
녹슨 시간 저쪽에서
손 흔드는 꽃들을 뒤로하고
자지러질 듯 휘어져 해안을 돈다.

고향 이미지

나의 고향 어딘가에는
소금 꽃이 하얗게 피어 있을 것이다.
저수지 둑길 아래쪽에 숨은 민들레는
아직도 바람결에 실눈을 뜨고 있을 것이다.

한밤중 느닷없는 정체불명의 빗줄기에
놀란 고무신들이 비명 지르며 모여들고
염전을 어지럽게 밝히는 횃불들 사이에서
소금 꽃들은 하염없이 스러지고 있었다.

뒷산 중턱 당집에서는 부엉이 울음소리가
검은 그림자 끌고 내려오고 있었다.
낮에 보았던 뱀의 허물들이 고개 쳐들고
기어 나올 것만 같은 착각이 온몸을 감는다.

느티나무 가지가 허공에 뜨고
까치 울음소리가 동구 밖까지 메아리치던 날
가오리연이 소나무 위에서 꼬리만 흔들던 그 날
봇짐 짊어진 우리들은 고향을 가슴에 묻었다.

아버지

바닷물을 가둬놓은 저수지 둑 위에는 소금배 드나드는 포구를 지키는 망루가 있었다. 망루의 풍향계는 바람의 향방을 쫓다가 지쳐 여름의 뜨거운 햇빛을 안고 잠이 들었다. 염전에 깔린 소금이 하얗게 빛을 발할 때쯤이면 아이는 인부들 사이를 헤집고 다니곤 했다.

인부들은 아이를 보면 하던 얘기를 멈췄다. 아버지의 염문이 바람 타고 왔을 것이다. 인부들의 재미있어하는 표정이 아이는 민망하다. 염전 지배인이었던 아버지의 일거수일투족은

인부들 사이에서 흥미진진한 화제가 되었다.

시골 학교 입구 신작로 변, 주점에 웬 예쁜 여자가 똬리를 틀고 앉았단다. 아버지는 간혹 이 주점에서 늦도록 술을 마셨다. 아버지의 너털웃음이 주점 밖으로 새어 나오곤 했다. 버들가지처럼 휠대로 휘어진 여자의 연한 목소리가 목을 감는 듯 뒤따랐다.

아이는 자기도 모르게 붉어진 얼굴이 되어 하굣길이었지만 아버지를 부르지 못했다. 아이는 친구들을 팽개치고 십리 길을 혼자 달렸다. 허리에 찬

책보에서 빈 도시락 소리가 네모나게 달그락거리며 아이의 꽁무니를 따라 왔다. 산등성이를 두 개쯤 넘었을 때다. 하늘에서 바다 쪽으로 기울어지는 노을을 보았다. 황홀했다.

아이는 노을 물든 눈으로 세상을 다시 보았다. 아버지와 헤어지면서 눈물 훔쳤다는 술집여자. 그녀의 사랑도 한순간 나타났다 스러지는 저 황홀한 노을이었을까? 그날 아이는 산 고개 당집 소나무에 걸쳐 있던 천 조각들을 몸에 감고 날아다니는 꿈을 꾸었다. 하얀 꽃이 핀 소금밭을 붉고 푸른 천들이 덮었다. 무당의 징소리가 돌처럼 가슴을 누르는 밤이었다.

유년

벽의 환칠을 따라가다 보면
우물에 잠긴 유년이 떠오른다.
까마득한 미명의 들녘 어디쯤
맨발로 달리는 내가 보인다.
검은 고무신 한 짝 들고
망루에 올라 가슴을 펴면
돛배가 하얗게 가물거리던 수평선
동구 밖 느티나무 가지에는
까치 울음소리가 아직도 선명하다
대처에서 돌아오는
아버지의 발소리를 듣기 위하여
길섶에 귀 대고 있던 그때가
커다란 절벽처럼 서 있는 지금
못에 덤벙 덤벙 던지던
싱싱한 알몸의 어린 풋내가
가물가물 떠오르는 지금
나는 환칠을 따라가며
벽의 기억 어디쯤에 정박한
등잔불과 재봉틀
밤을 지새우는
어머니의
옥색 치마저고리를 떠올린다

둔덕에 서서

저승의 입구쯤 왔다고 생각했다.
밤하늘의 별처럼
외등은 자꾸 뒤를 돌아보는데
그녀가 앞을 막고 있어
한 발짝도 더 나아갈 수 없는
절망의 둔덕
바다가 넘쳐 발목을 지나
무릎까지 오는 동안
시간의 늪은 나를 잡아당긴다.
허우적거리면서 끌려가지 않으려고
안간힘을 쓰다가
물이 목 밑까지 와서야
아, 나의 한계다 하고 자폭한다.

층간소음

천장에서 발자국 소리
저벅저벅 다가오고 있다
나의 발자국 소리는
아래층 귀에 박혀 있을 것이다
그렇다면 나는
아래에 있는 것일까
위에 있는 것일까
고개를 갸웃거리다
그 어디도 아닌
허공을 떠돌고 있다
생이란 이렇게 위아래 오가다
허공에 빠져
허덕이는 발자국 소리
층간을 떠도는
까칠하고 투박한
그리고 울퉁불퉁한
소음을 밟고 해매는 것.

□해설

그의 악몽, 그녀의 비명, 우리의 슬픔

조재룡 / 문학평론가

시는 아직도 오리무중이다
–『건망증』 중에서

지금–여기에서 세기말의 징후를 목도하며 하루하루 악몽을 꾸는 시인이 있다. 이 악몽에는 사실 주인이 없다. 시간도 없고, 공간도 없으며, 등장인물도 그 배후도 없다. 그러나 악몽은 지금–여기를 벗어난, 초현실의 소산은 아니다. 초현실이라는 저 용어는, 최휘웅의 경우, 현실을 재료로 삼아 여기저기를 느닷없이 방문하며 토해낸 이상한 무늬들로 제 빛을 천연히 뿜어내는, 지극히 현실적인 삶의 결들이자 정교하게 그것들을 이접해낸 기억의 산물일 뿐이다. 그의 시는 언어가 시의 발목을 잡아채는 함정이자 한계라는 사실을 환기하고 있다는 사실조차 스스로 고지하는 지점에서 착수되지만, 결국 언어를 벗어날 수 없다고 힘겹게 고백하는 데에 이르러 모종의 성취를 얻어낸다. 그의 시를 우리는 젊다고 말할 수도 있을 것이다. 그러나 그의 시가 젊다는 말은 그가 구사하는 시적 언어가 그렇다는 말이지, 그가 시로 붙들어 놓은 주제나 사유가 그렇다는 말은 아니다. 우리는 마찬가지로, 그의 시가 노년의 타오르는 정념과 이를 조절해가는 완숙한 지혜를 머금고 있다고 말할 수도 있을 것이다. 그러나 이 또한, 세월 속에서 경험적으로 체득한 깨달음을 섣불리 내려놓은 고백이나 삶의 비의를 터득했다는 식의 강담을 오히려 시인이 최대한 제어하거나, 최소한 제거해내려 노력한다는 점에서만 그렇다고 해야 한다. 시를 통해 시인이 지켜내려는 최후의 사선, 도달하고자 하는 미지의 지평이 바로 여기서 흐릿하게나마 제 모습을 드러낸다. 그는 자신이 겪어온 세월을 최대한 시로 담아낸 것처럼 보이지만, 이 세월은 시간의 선조적線條的 전개에 의지해 차곡차곡 기술해낸 나날들의 기계적 합으로는 환치되지 않기 때문이다.

역설의 조감도

1부의 '역설' 연작은 거개가, 시인이 한때 그랬던 모습, 시인이 한때 꿈꾸었던 자아, 시인이 한때 그럴 것이라고 믿어왔던 세계를, 지금 시를 쓰고 있는 여기로 끌고 와, 여기의 풍경과 서로 병치해나갈 때 나타나는 변화나 느닷없이 기습해오는 사태에 기대를 건다. 어떻게?

> 어제 관으로 들어간 또 다른 생명 때문에 내일 가야 될 내세가 궁금해지고, 인생은 지겹다 생각해온 안일함이 일순 공중분해 되는데, 세상은 참 낙관적이다. 어제와 오늘이 다름이 없고, 내일도 또 그럴 터인데,

왜?

질문이 잠든 밤. 새벽까지 눈 뜨고 있는 나는 보일 듯 보이지 않는 화두를 안고 빈 허공의 깊은 바닷속을 열심히 헤엄치고 있다.

－「왜? –역설. 12」 부분

어제와 오늘이 같으며, 내일도 그럴 것이라고 시인은 말한다, 이 말은 그저 공허한 언술이 아니며, 달관이나 깨달음에서 새어나온 발화도 아니다. 그것은 오히려 시인에게는 이 세계를 근본적인 물음의 대상으로 전환하게 해주는, 저 기억의 주관적 활용과 그 활용에 힘을 실어주는 근본적인 행위일 뿐이다. 그가 "안온한 방안에 대한 불온한 사상"(「봄의 관능 －역설. 6」)을 꿈꿀 수 있는 것은 결국, "도대체 나를 흔들어 놓는 정체가 무엇인가"를 끊임없이 묻고 되묻는 일에서 시를 착수하기 때문이다. "독한 회의를 품은 독설"(「불발의 화살 －역설. 1」)은 이렇게, 옛 일과 지금–여기의 소사를 뒤섞어 생겨난, 주관적 시간 속에서 시적 자아를 피워낸 결과라고 해도 좋겠다. 중요한 것은 최휘웅의 시에서 꾸준히 목격되는, "보일 듯 보이지 않는 화두"와 같이 인과관계가 생략된 듯한 서술이나 "빈 허공의 깊은 바다 속을 열심히 헤엄치고 있"는 듯한 저 환상적인 묘사, 너와 나, 그와 나, 그녀와 나, 그와 그녀 사이에 혼재되어 있는 주어의 자리, 그 배경은 물론 장소조차 모호해 보이는 시적 시공 전반이, 사실상 '기억의 현재화–현재의 기억화' 의 산물이라는 사실이다. 역설이 그의 시에서 탄탄한 근거를 확보해 내는 것은 바로 이때다.

> 이순을 지나 칠순 위에 서 있는 나는 아직도 바람 등진 촛불처럼 흔들린다. 시간의 뼈마디 어긋나는 울음소리를 안으로 삭이며 강을 건너고 있다. 선상의 횃불이 물결 위의 노을처럼 출렁거리고, 내 생의 소실점을 찾아 노를 젓는다. 어쩌면 소음으로 가득했던 지난 날들이 더 이상 소음으로 남기를 거부하고 있는지도 모르겠다. 내 안에서 시간의 벽을 타고 넘어온 실어증의 꽃들이 이제 허망의 무게를 지탱하지 못해 고개를 묻었다. 그러고 보니 고개는 또 다른 고개로 이어져 있고, 앞으로도 고개는 계속 나를 시험할 것이지만, 그래서 내 키는 자꾸 작아진다. 시간은 나를 성장시키는 것이 아니라 왜소하게 만든다. 사통팔달로 널려 있던 길들이 한 두 가닥 좁은 외통수의 길로 줄어들며, 나는 그 길도 벅차 숨을 헐떡거린다. 차 한 잔 마실 사이에 또 반년이 지나가고, 그만큼 내 키도 줄어든다. 내 몸이 바닥에 닿을 때 시간은 현기증 나는 성장을 멈출 것이다. 그동안 시간에 쫓기듯 시간의 뒤만 따라왔던 나는 비로소 시간을 정복한 알렉산더가 될 것이다.
>
> -「시간 -역설. 16」 전문

이 작품을 읽으며 시제를 헤아리는 것은 벌써 소용없는 일이다. "이순을 지나 칠순 위에 서 있는 나"의 현재적 감정을 "소음이 가득했던 지난 날들"의 사건, 그러니까 순전히 자신의 기억과 병치해내었기 때문에, 시간의 순차적 전개에 의지한 시제는 벌써 자취를 감추었다. 그는 이러한 방식으로 시에서 좀처럼 걸어 들어오지 못했던 미지의 일들을 하나씩 실현해나간다. 가령, "내 안에서 시간의 벽을 타고 넘어온 실어증의 꽃들"은 벌써 그 양태와 추이를 짐작하기 어려워진다. 물론 그 까닭은 과거와 현재의 일을 하나로 중첩시켜, 기술자의 관점과 위치를 모호하게 방기했기 때문이다. "앞으로도 고개는 계속 나를 시험할 것이지만, 그래서 내 키는 자꾸 작아진다." 라고 말한 대목 역시, 단일한 해석을 허용하지 않는다. 나이가 들수록, 키가 작아진다는 식의 해석을 허용하지 않는다는 말이다. 오히려 세월이 나를 시험하기 때문에, 나는 작아진다고 말하고 있다는 편이 옳을지도 모르겠다. 그러니까 시인은 시간을 단순히 역전시켜 독특한 분위기를 창출해내는 것이 시의 목적이 아니라, 지금-여기에다가, 내가 지금까지 걸어온 지난 삶을 밀착시키고, 그렇게 이 양자를 혼용하여 "시간을 정복한 알렉산더가 될 것"이라고 말하고 있는 것이다. 그렇게 해서 만들어진 세계가 바로 역설의 세계이며, 역설은 이렇게 옛 것의 현재적 발현이자, 현재라는 무덤덤한 지평 위로 내리 꽂은 근접 과거의 사건들이다. 이러한 충돌이 현재를 금가게 하며, 현재를 다른 눈으로 주시하게 허용해 줄 것이라고 그는 믿고 있는지도 모른다. 그는 꿈이나 초현실에 쉽사리 편승하는 시인이 아니라, 역설의 알리바이를 시에서 마련하고자 기억-현실의 혼용이라는 고유한 문법을 시에 도입한 모험가인 것이다. "한때 랭보가 되고 싶었"(「내 안의 랭보 씨 -역설. 8」)던 시인이 "젊은 한때 꿈꾸던 랭보 씨는 없다"는 사실을 굳이 확인하면서도, "아직도 랭보를 찾아/ 아프리카 캄캄한 오지를 더

듣는다."고 고백하며, 이윽고 "그런데 도시 속에서 외롭게 떠도는/ 베르레느가 되어 있다는 건 역설" 이라고 말하는 것은 우연이 아니다.

> 나는 잠을 청한다. 어제도, 오늘도, 하루도 거르지 않고 잠을 잔다. 잠 위에 잠이 겹치고, 잠 밑에 잠이 있다. 잠에는 몇 개 층의 지하로 이어지는 계단이 있고, 그런 잠으로의 미행은 무거운 현실을 가볍게 안고 간다. 그의 폭언도, 가위눌린 공포도, 억압하는 온갖 공화국의 반란도, 찬란한 깃발의 위선도, 그녀의 폭발하는 눈물도, 책상 위에 무겁게 쌓인 글의 압박도… 잠 속에서 나는 비로소 새가 될 수 있다. 산과 들이, 우주가 나의 발밑 어딘가에 있고, 구름은 편안한 평상처럼 나를 태우고 빌딩 옥상에서 옥상으로 이동한다. 몸은 끝없이 가벼워져서 공기주머니처럼 날아다닌다. 아프리카 오지의 검은 추장은 새의 깃털을 달고, 창槍 뒤에서 사자의 심장을 노리기도 하는데, 적막의 해일이 덮쳐 이 세상의 모든 추악한 것들을 쓸고 가기도 한다. 원색이 화면을 덮고, 나이지리아 폭포 곁에서 그녀는 행복한 남자다. 잠에는 경계가 없다. 삼엄한 초병들의 감시 초소도 없다. 국경이 없으니까 하얀 토끼들은 하얀 눈과 초록이 동색이 되고, 열린 귀는 닫힌 눈과 통하고, 촉수는 묵시록의 캄캄한 들녘 끝의 섬광을 감지한다. 잠시 목이 마르다 생각했는데, 잠의 문이 열리면서 무심결에 잠 밖으로 나왔다. 갑자기 오토바이 폭음이 귀를 밟고 지나갔다. 다시 현기증이 폭발하고, 촉촉한 감정이 너의 표정 뒤에 있고, 나는 끝없이 또 작아지기 시작하며, 눈과 귀를 세워 너의 동정을 살피기에 바쁘다. 잠 밖으로 통하는 창에는 검은 비가 내리고 있다.
>
> –「잠 –역설. 17」 전문

역설은 "이렇게 완벽한 길은 없다"할 만큼, 기이하고 미묘한 세계를 우리에게 열어 보일 것이다. 이 역설의 시학을 바탕으로 그는 "촉수만으로 길을 더듬"(「니이체여 – 역설. 2」)어 나가며, "잎의 황홀함에 가려 보이지 않던 꽃등"(「꽃의 등 – 역설. 19」)을 주시할 수 있다고 말하는 것이며, 그렇게 "있는 것과 없는 것 / 보이는 것과 보이지 않는 것 / 들리는 것과 들리지 않는 것 / 경계"(「색色과 공空 –역설. 5」)에 서서, 아직 실현되지 않는 것들을 발화할 수 있다고 생각한다. "잡은 듯하지만 잡히지 않는 것이 세상사"(같은 시)라는 사실을 선험적인 깨달음을 통해 우리에게 통보하는 것이 아니라, 시에서 구체적인 사건으로 시연해 보이기 위해 그에게 역설의 문법은 차라리 필연이었던 것일까? "잠 속에서 나는 비로소 새가 될 수 있다"는 말은 이렇게 그 말의 책임을 저버린 적이 없다. 이러한 구절은 상상이나 망상, 공상에서 나온 것이 아니기 때문이다. 그것은 기억–현재의 충돌로 열린 시적 공간의 가능성에서 솟아난 고유한 표현이며, 잠과 깨어남의 이분법을 붕괴하는 "꿈"의 세계를, 자연스러운 현실적 사태로 전치해 내는 실험에서 빚어진 결과인 것이다. "잠의 문이 열리면서 무심결에 잠 밖으로 나왔다"는 것은 이렇게 과거–현재, 현실–상상, 꿈–깸의 이분법적 구분이 그의 작품에서 벌써 붕괴되었다는 사실을 말해준다.

> 연필 자국 따라가다 보면
> 기억 한쪽의 바다가 열린다.
>
> –「피리」 부분

곡마단이 떠난 공터에 바람이 쌓였다.
종이와 낙엽이 같이 뒹굴었다.
가로등 불빛이 폭력처럼 쏟아지고
시계탑 바늘은 비스듬히 허리를 꺾었다.

기억의 한쪽 거울은 투명한 녹색이다.
사과 속살의 긁힌 자국과
그녀의 충혈 된 눈이
암벽에 박힌 화석의 무늬와
완고한 시간의 고집처럼
녹색 거울 저쪽에 못 박혀 있다.
–「달리의 오후 6시 55분」 부분

기억은 현실과의 연장선상에서 실현된다. 기억을 따라 적어 간 그의 문장들이 어느새 그가 지금 바라보고 있는 바다 위에서 거친 숨을 내쉰다고 해야 할까. 이러한 사실을 놓치면 최휘웅의 시는 허공으로 달아나거나 몽상 속으로 휘발되고 만다. 최휘웅의 시 전반을 꿰뚫고 있는 단단한 특성이자 고유한 문법인 이 기억-현실의 언어는, 모든 것을 시에서 가능하게 해주는 자유를 시인에게 부여할 것이며, 초현실의 세계로의 틈입이 허용해준다. 물론 이 때의 초현실은 현실과 기계적으로 대립하는 추상적 상상의 세계가 아니라, 살바도르 달리의 그림 "완고한 시간의 고집"처럼, 기억과 지금을 하나로 녹여낼 때, 주어지는, 여전히, 그리고 언제나, 새로운 현실인 것이다. 이렇게 해서 그는 "몽상가"가 되어 저 밤에, "머리는 한 끼의 밥을 걱정하는데 가슴은 총탄의 비명에 희열한다"(「머리와 가슴이 따로 노는 날 – 역설. 20」)고 말할 수 있는 것이며, 상상을 현실의 사건으로 재현해 내는 데 성공적으로 합류하는 것이다.

그녀라는 알레고리

최휘웅의 시에서 이 역설의 문장들은 구체적인 하나의 화자에게로 스며들어 다채로운 목소리를 울려내는 원인이 된다. 이러한 사실을 잘 보여주는 것은 바로 그녀와 관련된, 그녀의 시들이다. 시집의 제 2부에는 놀랍게도 '그녀' 라는 제목의 연작이 스물다섯 편 이어진다. 우리는 대번, 그녀가 누가인가라는 물음을 던지지 않을 수 없다. 그러나 대답을 위해 이 작품, 저 작품을 읽어나가도 쉽사리 그녀의 정체는 잡히지 않는데, 이는 거개의 시들이 시점을 복합적으로 활용하고, 화자를 교체하거나, 시제를 뒤섞은 상태에서, '그녀' 라는 고정 축을 중심으로 복합적인 이야기를 시에서 조율해내기 때문이다. 최휘웅은 매우 능숙한 방식으로 나-그녀의 화자를 서로 분리하거나, 하나로 주조하면서, 그녀의 몸으로, 그녀의 의식으로, 그녀의 거취로, 그녀의 집안으로, 그녀의 침실로, 그녀의 나들이 산책 길 위로, 그녀의 감추어진 욕망으로, 그녀가 내지르는 삶의 비명 속으로 침투하고, 그렇게 그녀의 몸에서, 그녀의 의식에서, 그녀의 거취에서, 그녀의 집 안에서, 그녀의 침실에서, 그녀의 욕망에서, 그녀가 내지르는 삶의 비명에서, 고유한 시적 목소리를 울리는 데 성공한다.

이렇게 '그녀'는 "마술에 취한 소녀"(「그녀. 7」)가 되어 몽환적 분위기 속에서 묘사되는가 하면, "고비사막 같은 막막한 구릉 넘어/ 오아시스의 달콤한 저녁 하늘에/ 힘겹게 닻을 내리는 방랑의 꿈"을 꾸는 주체이며, "미치고 싶다"(「그녀. 9」)를 비명처럼 내지르는 실질적 화자가 되기도 한다. 그녀는 "요령부득의 혼란과 난공불락의 시간 앞에서 머리카락이라도 잡으려고 몸부림"(「그녀. 14」)치고, 때론 욕망의 대상으로 피동적으로 묘사되며, 나로 하여금 절묘한 감정을 자아내는 신체의 소유자로 포착되기도 한다. 이야기를 나누며 차를 마시고, 잠깐의 인연으로 내가 알았던 저 과거의 여인들이나 지금의 내 주위에 존재하는 사람이 되기도 한다. 이 변화무쌍한 그녀는 변화무쌍한 바로 그만큼 변화무쌍한 이야기를 시에 풀어놓는 핵심이기도 하다는 사실을 지적하는 일이 필요하겠다.

> 그녀는 주술에 걸린 몽유병자처럼 허공을 헤맨다. 알 수 없는 기호의 미궁에 빠져서 눈을 감는다. 어차피 사랑도 혼 빠진 자의 미친 넋두리일 뿐, 확실한 것은 아무것도 없다. 잡을 수 없는 것을 붙들고 불을 지피며 애를 태웠다는 자책이 불현듯 눈발처럼 내려온다. 오류로 얼룩진 기억 속의 시간이 주마등처럼 지나간다. 삶은 늑골 사이를 아프게 지나가는 바람이었다. 불분명한 의식의 깊은 협곡에는 유년의 진달래, 머루, 다래들만 벼랑을 타고 있는 것은 아니다. 어느새 지금은 가고 없는 그의 달콤한 혀끝이 목 근처에 와 있다.
>
> 그녀는 전율하듯 눈을 떴다.

간혹 떠올리고 싶지 않은 기억들이 있다. 무덤 속에 박아놓고 아무도 눈치 채지 못하게 하고 싶은… 그런데 아프고 달콤한 기억은 불현듯 의식을 뚫고 올라와 얼굴을 붉힌다. 시린 이빨이지만 뽑을 수 없다. 유리 금가는 소리가 의식의 지하로 끝없이 낙하한다. 지붕 무너지는 소리 때문에 그녀의 앞은 캄캄하다.

– 「그녀. 4」 부분

우리가 인용을 미처 하지 않은 이 작품의 얼개를 잠시 적을 필요가 있겠다. 1연은 "지하에서 점"을 보는 이야기로 시작하여 "연신 고개를 끄덕거려 보지만 그녀의 뇌리는 여전히 흙탕물 한복판"이라며 마무리 되는, 내가 기술한 그녀의 상태를 내용으로 삼는다. 2연은 달랑 "집나간 그놈의 행방은 오리무중" 한 연이다. 3연은 점괘의 속성을 "기호의 자간에 운명이 숨겨 있"으며 "달의 순환도 해의 의지도 그 행간에서 숨을 쉰다"고 부연 하는 내용으로 구성되며, 우리가 인용한 4연은 "주술에 걸린 몽유병자처럼 허공을 헤"매는 "그녀"에 대해 묘사하고 있는 것으로 보인다. 5연과 6연 역시 인용을 참조하면 내용을 짐작할 수 있겠다. 7연은 "그녀는 황망히 일어섰다" 단 한 줄로, 8연은 "풀어 놓은 점괘 속에서도" "묘연한" "그녀의 앞날"을 이야기하며 마무리 된다. 정작 문제는 연 사이사이를 구성하는 저 "오류로 얼룩진 기억의 시간들이 주마등처럼 지나간다"와 같은 문장들의 실질적 주어를 우리가 단박에 '그녀' 라고 확정할 수 없다는 사실에도 있지만, "간혹 떠올리고 싶지 않은 기억들이 있다"를 서술하는 화자가 '그녀' 라기보다는 차라리 나에 가깝다고 해야 하며, 더욱이 이어지는 "무덤 속에 박아놓고 아무도 눈치 채지 못하게 하고 싶은… 그런데 아프고 달콤한 기억은 불현듯 의식을 뚫고 올라 와 얼굴을 붉"히는 주체 역시, 그녀인지 나인지 모호한 상태를 시에서 조장해 낸다. "얼굴을 붉"히는 주체는 누구인가? 이야기를 진행하는 나, 전지적인 관점에서 모든 것을 관장하는 나라고 우리는 말 할 수 있을까? 그렇다면 시의 전개는 나의 목소리로만 진행되는가? 이렇게 따지다보면, '그녀는 누구인가' 라는 애초의 질문에 우리는, 그녀가 아니라, 차라리 나-그녀라고 대답할 수밖에 없다는 사실을 알게 된다. 그러니까 "시린 이빨이지만 뽑을 수 없다"고 말하는 화자 역시, 나와 그녀, 그 누구도 오롯이 장악하지 못하는 미지의 목소리라고 해야 하는 것이다.

최휘웅의 시는 이처럼 "그물을 찢고 싶은 끼가/ 하루에도 몇 번씩 고개를 내민다./ 미치고 싶다"(「그녀. 9」)처럼, 명백히 그녀의 심정을 기술한 것인지, 나의 그것을 반영한 것인지 모호한 상태를 제 시에서 견인해내며, 나-그녀의 시학을 실현하고자 한다. 연작시는 나의 이야기인지 그녀의 이야기인지 그 경계를 지워내, 과거의 지금, 지금의 과거, 나의 과거와 나의 지금, 그녀의 과거와 그녀의 지금 전반을 하나로 녹여내어 고유한 목소리를 울려내는 데 몰두하는 것이다. 이는 시인이 "창의 안과 밖. 어중간한 지점에서 흑과 백, 아니면 적, 청, 록이 엉켜 분별의 경계가 잘 식별되지 않는" 분위기를 만들어내어, 그녀와 나를 하나로 합쳐 놓기도 하고, 다시 나누어 놓기 때문이며, 그녀를 묘사의 대상으로 삼아 거리를 유지하거나, 그녀로 하여금 스스로 화자를 자청하게 해놓았기 때문이다. 그러니까 '그녀'는 "현실과 이상이 이합집산하며"(「그녀. 24」) 빚어진, "유리 조각들이 유령의 옷깃을 날리며 사방으로 튀"(「그녀. 14」)는 "상흔의 긴 메아리"와도 같은 존재인 것이다. 이처럼 복잡화-분산화-다양화를 통해, "그녀"는 에로티시즘의 화신이자, 이 세계의 폭력과 아이러니를 실천하는 복합적 주어로 거듭나며, 욕망과 고통과 배반과 절망을 수행하는 주체의 자격으로, 시 전반에서 해석의 변화를 견인해내며, 시에 복합적인 목소리를 울려내는 실질적 주체가 된다.

'그녀'가 과거와 현재를 하나로 붙들어 매는 강력한 알레고리인 까닭이 여기에 있다. "물 위에 뜬 젊은 시절의 낙서. 그 상형문자의 비의가 아름답다, 고 생각한 순간, 그녀의 현실은 공중분해 되기 시작했다"(「그녀. 16」)처럼, 그녀는 과거와 현재를 중첩하고, 그 과정에서 이 양자의 경계를 허무는 일에 몰두하면서, 결국 시 전반을 지배하는 주제 의식을 오롯이 담아내는 장치이기 때문이다. 바로 이러한 주관적 공간 속에서, 시인-그녀, 그녀-시인이 울려내는 온갖 목소리들이 스며든다. "밀봉된 비답을 풀었을 때의 흥분"으로 "주술에 걸린 몽유병자처럼 달을 밟고 다니다"(「그녀. 16」)가 아무 곳에서나 쓰러져 잠이 드는 그녀는, 그러니까 바로 시인의 또 다른 얼굴이기도 한 것이다.

슬픔의 윤리

'그녀'는 이처럼 현실을 뚫고 나와, 현실에 모종의 변화를 가미하거나, 현실 자체를 아예 뒤집어버리려는 시인의 기획이나 충동을 적극적으로 실천하기 위해 시인이 불러낸, 시적 욕망을 최대한 실현하는 기호처럼 기능한다. 시인이 '그녀'의 목덜미를 바라보면서도, 그 위에다가 제 과거의 기억을 올려놓는 등, 마음 놓고 상상할 수 있는 시적 자유를 획득해내거나, 숲 속 어두컴컴한 곳에 당도해 주위를 둘러본 다음, 검은 동굴을 연상하여 죽음의 구멍을 보았다고 말할 수 있는 투사의 대상이 바로 '그녀'인 것이다. '그녀'는 이렇게 실천할 수 없는 행위를 실천하는 매개이자, 이럴 때 뿜어 나오는 저 기이하고 이상한 삶의 스펙트럼을 고스란히 발산할 언어의 고안을 추동하는 인자인 것이다. 그는 이렇게 그녀의 입장이 되어, 그녀의 경험과 욕망으로 고스란히 입사하는 일을 감행한다. "그녀의 길은 시계視界 제로였다"(「그녀. 22」)고 말하는 시인은 벌써 "그녀를 가두고 있는 지옥으로부터 해방되는 희열의 한 때"를 그녀와 함께 갈구하는 주체이다. 그녀의 욕망은 그 자신의 욕망이기도 하며, '그녀-나'의 자격으로, 함께 실천하고 해소해야하는 운명을 나누어 갖는다. 과거의 그녀, 현재의 그녀, 모일 모시에 자신을 스쳐지나갔을 그녀, 지금 현재 제 눈앞에서 스쳐지나가고 있는, 현존하는 이 세상의 모든 그녀들의 삶과 욕망과 좌절과 억압이, 그녀의 비명과 신음과 고백과 사유가, 이렇게 해서 시의 구석구석을 누비면서, 시인의 말을 받아내고, 시인의 감정과 하나가 되면서, 시적 모험에 동참하는 것이다.

> 갑자기 모퉁이가 튀어나와 길을 막는다. 느닷없이 찾아온 돌출 사고에 노래진다. 캄캄해진 해를 안고 물속으로 뛰어든다. 바람도 없다. 마른 잎들이 길을 잃고 헤매는 길옆에 서서 목덜미로 흐르는 땀방울을 훔치지만, 목을 조이는 감각의 능선은 끝이 없다. 까마득한 쓴맛이 혀를 난타하고, 질긴 어둠이 목젖에 걸려 아무리 뱉으려 해도 뱉어지지 않는다. 끈끈한 그림자가 식도를 타고 위에 이르는 동안 역류하는 낙동강을 보았다. 거대한 현기증이 물보라처럼 일어서는 것을 보았다. 자동차의 경적이 귀를 막는다. 온통 세상은 헤드라이트 불빛으로 가득한데, 내가 있는 지점은 보이지 않는다. 막다른 골목이 부러진 늑골을 드러낼 때도 탐욕의 눈들은 사방에 벽돌을 쌓았다. 그래서 끝없이 또 다른 골목을 만들고, 미로처럼 엉킨 골목에서 골목으로 헤매다가 그만 모퉁이에 걸리고 말았다. 허공을 등지고 엎드린 육신. 그 위로 헬리콥터가 떴다. 골목의 하늘은 손바닥만 하게 떴지만, 저승사자의 굉음은 고층빌딩을 덮는다. 나는 억울하다. 모퉁이에 걸려 넘어졌을 뿐인데, 검은 조사弔詞의 꽉 막힌 행간에서 왜 잠을 자야 하는가.
>
> –「나는 억울하다」 전문

이 작품은 환상의 기록이 아니다. 착시나 느닷없는 발상을 적어낸 기이한 발화가 아니라는 말이다. 최휘웅은 시제의 혼용이나 상이한 체험을 하나로 이접하는 행위를 통해, 주관적인 기억의 시적 기록으로 이질적인 것을 하나로 붙들어 매려했을 뿐이다. 길 위를 걷다 무언가에 부딪혀 바닥에 쓰러진 일이 있었을 것이다. 그는 이 아찔한 순간을 최대한의 제 감각을 통해 기억하고자 한다. 역설을 통해, 상상력에 의지한 환유의 절묘한 활용에 기대어, 때론 시각을 달리 취하여, 빼어난 솜씨로 그 순간을 확장해내고, 순간이 가두고 있는 시간의 담을 가볍게 부수었을 뿐이다. 매우 뛰어난 자기만의 어법으로, 제 고유한 경험을 기술해낸, 현실의 아찔한 경험을 "검은 조사弔詞의 꽉 막힌 행간"으로, 절묘하게 승화시켜낸 것이다. 최휘웅의 시는 "눈을 뜨는 순간 지워지는 아픈 기억"(「그녀. 25」)에 바쳐진 적확한 발화의 한 순간을 고안하고자 내딛은 실험이자, "따발총이라도 있으면 난사하고 싶은 오후 한때"(「그녀. 20」)에 쏘아올린 악몽의 기술이며, "물음표들이 방안 가득 쌓여"(「그녀, 14」)갈 때, 그렇게 내면의 궁금증이 삶과 기억의 포화의 상태에 이르러 터져 나와 내지르는 비명이기도 하다.

그는 이렇게 가뿐히 허구와 실체, 욕망과 허무, 현실과 상상의 경계를 뛰어넘는 시, 그러나 현실을 기반으로, 순간을 포착한 어느 한 점에서, 이 모든 것을 유추하여 독창적으로 저 멀리 쏘아올린 시적 궤적을 우리에게 그려 보였다. 그의 시는 이와 같은 방식으로 "기억 어디쯤에서 흘러나오는 멘트에 놀라 눈을 떴다"고 발화하기 바로 전의 상태에 주목하거나, "졸음이 묻은 시간"으로 한없이 빨려 들어가 "끝없이 공전하는 죽음의 그림자"를 결곡하게 받아

낼 때, "목 안에 잠복해 있던 것들이 지상으로 쏟아져 나온", 그렇게 "한 번 시동을 건" 후 제어될 줄 모르는 "혁명"(「지하철」)과 같은 찰나의 일, 순간의 정념을 꿈꾸는 작업에 특이한 방식으로 동참한다. 그의 악몽은 이렇게 어느 순간, 걷잡을 수 없이 쏟아져 현실로 범람한, 그러나 사실을 따져 묻자면, 지독히 현실적이라고 해야 할 경험을 뛰어난 비유와 기발한 상상력으로 되감아낸 시적 사태라고 해야 할지도 모른다.

어둠 속에 살쾡이 눈이 박혀 있다.
소름이 돋아 바짝 형광등을 켜는데
정체 없는 울음소리가 골목을 휙 지나갔다.
칠흑의 넝쿨에 목이 감긴다.
마천루의 그림자 짙은 후미진 외길
오금을 펴지 못하고 미아처럼 서서
엄습하는 두려움에 치를 떤다.
엉거주춤, 한 발짝 앞으로 나가려는 순간
어둠 속에 떠 있는 야광의 눈빛 때문에
발목 잡힌 채 뚜껑이 열리고
후들거리는 다리 밑의 땅이 꺼진다.
분별없는 저공비행을 하다
앞뒤 꽉 막힌 밤의 저인망에 걸렸다
정적 뒤에 숨은 날카로운 비명
귀가 밤의 몸을 더듬는 동안
머리털이 발기하여
도리질을 몇 번 했는지 모른다
이제 잠들고 싶다 했을 때, 밤은
하얀 미소 뒤로 뒷거름 치기 시작했다.

–「밤」 전문

그는 이 밤, 저 불타는 세계, 저 불안에 휩싸인 도

시에서 "바벨탑의 꼭대기에서 추락하는 허전함과/ 두고 온 삶의 보따리들이 풀어져 뒹구는 압박과 꿈 밖으로 튕겨 나온 현실의 차가운 공기"(「콜라텍」)를 기어이 시로 불러낸다. "욕망의 처절한 시신들이 쌓이는/ 일방통행의 막장 드라마"(「자동차」)가 펼쳐지는 이 세계의 불안과 한없이 저 현실에 떠돌아다니는 죽음의 그림자, 까닭 없이 현실로 짓치고 들어오는 시간의 횡포와 끈덕지게 맞서 싸우면서, 과연 일말의 희망을 꿈 꿀 권리를 획득해 낼 것인가? 그의 비명은 어떻게 우리의 슬픔이 되는 것이며, 고독한 자아를 완성하려는 세월의 행렬에 동참할 것인가? 기억과 현실을 환상적이고 몽환적인 언어로 그려낸 이 세계의 "정적 뒤에 숨은 날카로운 비명"을 그는 어떻게 "어둠 속에 떠 있는 야광의 눈빛"으로 받아내고, 또 계속해서 주시해나갈 수 있을까? 이 고유한 악몽은 제 자신의 미래를 어디에 내려놓을 것이며, 어느 곳에서 제 거처를 마련할 것이며, 누구와 함께, 잠들 밤을 청하며 시간의 흐름에 제 자신을 위탁할 것인가?

> 틀니를 한 문자들이 입을 벌리고 웃을 때, 아차 길을 잘못 들어섰구나 싶었지만 돌아 나오는 길은 미로를 헤맬 때처럼 허둥대는 불빛들로 가득했다. 책 속에는 진흙 밭이 있어서 발을 잡고 놓아 주지를 않는다. 발을 빼려고 버둥대지만 이미 어긋난 문장의 늪에서 나이는 자꾸 저물어간다. 초인종 소리에 문을 여니 택배입니다 하고 책이 또 들어 왔다. 바위의 무게가 걸어 들어 왔다. 허리의 통증이 또 도진다. 그래도 새들이 창을 열고 찾아올 것 같은 예감, 책장을 넘긴다. 그

러나 미아가 된 낱말들이 길의 입구에서 또 억새처럼 울고 있다. 억새는 바람 등짐 지고 아프게 울다가 허리가 접혀 그만 눕고 말았다.

–「책 –역설. 9」 부분

그는 한때와 지금, 옛 것으로, 옛 기억으로, 옛 시적 정체성으로 지금–여기, 자신의 시적 정체성을 조절해내며, 시인의 자격, 시인의 태도, 시인의 가능성을 타진해낸다. 그는 한때 열광적으로 책을 읽었을 것이다. 책은 우리에게 늘 고통을 준다. 책(시집) 속의 "틀니를 한 문자들이 입을 벌리고 웃"는 지식들(시적인 것들), 그는 그것을 오롯이 전유하지 못한다는 사실을 직관으로 알아차리는 일에서 그는 벌써 한번쯤 힘겨워 했던 사람이었을 것이다. 그러나 그는 책을 벗어나지 못했고, "이미 어긋난 문장의 늪"에 빠져, 그렇게 시를 읽으면서 세월을 보내야만 했을 것이며, 이는 자발적인 일이었을 것이다. 물론 이러한 과거는 과거의 일로 머물지 않고 현실로 침입해 온, 지금–여기의 사건이 되어, "바위의 무게로 걸어 들어" 온다. "미아가 된 낱말들이 길의 입구에서" 여전히 그를 잡아챌 때, 이 시의 이해 불가능성의 가능성을 타진하면서 그는 조용히 눈물을 흘렸을 것이다. 바로 이, 기억–현재의 책(시집)이, 한 평생을 이어온 독서가 시인을 통념에서 벗어나게 해준 것인지도 모르겠다. 적어도 그는 시인이나 시인의 정체성 그 자체를 확인하는 것이 아니라, 시인이 되어야 한다는 다짐 속에서, 매 순간 자신을 반성의 대상으로 전환해내며, 현재 진행형인 시인의 민낯을 갖기 위해 시적인 것을 캐묻는 일을 멈추지 않을 것이다. 이 진행형의 시인이 되려는 몸짓에는 삶과 인생의 슬픔을 직시하려는 용기도 포함되어 있다.

슬픔은 이유 없이 찾아오는 것
거리를 쓸고 가는 낙엽 때문에
머리를 무릎에 박고 등을 들썩거릴 때
유리창 깨지는 소란의 한복판에서
멍한 시선, 탑 끝을 맴돌 때
선창가 잿빛 하늘이 갈매기 등 위에서
무거운 저음으로
마음의 흉터를 누르고 있을 때
항구의 뱃고동이 바다 위에 떠 있을 때
너무 잔잔하여 흐름을 멈춘 듯한 물결
그렇게 흘러가는 아름다운 시간 때문에
나는 잔인해지려고 칼을 갈지만
녹슨 몸은 이미 지옥의 문 앞에 있다,
겨울이 가고 봄이 오고
여름 가고 다시 가을이 지나갈 때
산을 넘는 억새의 속 빈 비명이
내 영혼을 아삭아삭 씹을 때
언젠가 이룩할 그 날을 위하여
허공에 떠 있는 새의 기억들을
따라가다 보면 보인다.
새가 되어 가는 곳이
슬픔의 가루 뼈가 모인 천국이란 것을

－「새가 되어 가는 곳」 전문

“슬픔”의 이치를 알게 되었다는 고백은 “녹슨 몸”이 “이미 지옥의 문 앞에 있다”(「새가 되어 가는 곳」) 는 사실을 그대로 인정하고, “슬픔의 가루 뼈가 모인 천국"을 예비하겠다는 다짐과 다르지 않다. "어제는 각을 세우고 있다가 오늘은 원을 그"린다거나, "내일은 긴 기둥으로 처마 밑을 받쳐주기도 할" 것이라는, "차갑게 절망의 모퉁이에/ 푸른 깃발 세우려고 안간힘 쓰던 하늘을 안고/ 나는 지금 깊은 밤의 은하를 건너고 있"(「하늘」)다는 시인의 말은, 실상 시인이 시집을 마무리하며 우리에게 조심스레 내려놓은 고백이나 다름없다. 이 고백이 매우 아름답고 한편으로 당당해 보이는 까닭은, 그가 "야광의 눈빛 뒤에 발톱을 감추고/ 언제든 뛰어내릴 각오로 포획의 꿈"(「윤회」)을 제 삶에서 단 한 차례도 포기한 적이 없는 시인이었기 때문이다. 그의 시의 가치와 윤리가 어쩌면 여기에 있는지도 모른다.

카인의 의심

시와사상 시인선 24

찍은날 | 2015년 11월 23일
펴낸날 | 2015년 11월 30일

지은이 | 최휘웅
발행인 | 김경수
펴낸곳 | 시와사상사
부산광역시 금정구 부곡동 325-36번지
전화 : 051-512-4142
팩스 : 051-581-4143
E-mail : sisasang94@naver.com
http://www.sisasang.co.kr

등록번호 | 제05-11-7호
등록일자 | 2005년 7월 18일

인쇄처 | 도서출판 세리윤

값 8,000원

ISBN 978-89-94203-15-7 04810
978-89-958264-1-6 (세트)

• 본 도서는 2015년 부산문화재단 지역문화예술육성지원사업의 일부지원으로 시행됩니다
• 이 도서의 국립중앙도서관 출판예정도서목록(CIP)은 서지정보유통지원시스템 홈페이지(http://seoji.nl.go.kr)와 국가자료공동목록시스템(http://www.nl.go.kr/kolisnet)에서 이용하실 수 있습니다. (CIP제어번호 : CIP2015031926)